Toucher le cœur du sujet

(The Issue at Hand)

Essais sur la pratique bouddhiste de l'attention

Gil Fronsdal

Traduit par Philippe Daniel

Nous adressons nos remerciements les plus sincères aux personnes, publications et maisons d'édition suivantes pour leur permission de reproduire :

Une version de « Theravada – The Way of Liberation. » Publié initialement dans *The complete guide to Buddhist America*, édité par Don Moerreale. Réimprimé par autorisation de Shambala Publications, Inc., Boston, www.shambhala.com

Le texte dans les essais « Brèves instructions pour la méditation assise », « Brèves instructions pour la méditation sur la bonté bienveillante », « Metta » et « La peur. » Adapté de textes publiés précédemment dans « Voices from Spirit Rock », © 1996 Spirit Rock Meditation Center

Une version de « Le corps au centre. » Publié initialement dans Inquiring Mind (Automne 1994, Vol. II, No. 1).

Une version de « L'attention aux Intentions. » Publié initialement dans le bulletin de Spirit Rock dans un article nommé « Mindfulness with an attitude » (Mars-Août 1999).

Une version de « L'interrogation comme pratique ». Publié initialement dans Tricycle Magazine (Hiver 2000, Vol. X, No. 2).

Copyright © Gil Fronsdal 2001

Tous droits réservés. Imprimé aux Etats-Unis d'Amérique. Toute reproduction de cet ouvrage par quelque procédé que ce soit est interdite sans autorisation par écrit.

Traduit par Philippe Daniel

Table des matières

Remerciements 5
Remerciements du traducteur 7
Introduction : Toucher le cœur du sujet 8
Les Quatre Nobles Vérités 11
L'intolérance à la souffrance 22
La pratique de l'attention 26
Comment l'attention marche quand elle ne marche pas 29
Les tempêtes de la vie spirituelle 32
Une pratique qui vient du fond du cœur 35
Karma 37
La générosité 40
La pratique de la générosité 43
Vertu : les cinq préceptes 46
Brèves instructions pour la méditation assise .. 51
L'attention à la respiration 54
Le corps au centre : l'attention au corps dans la pratique – les instructions du Bouddha 57
L'attention aux émotions 63
L'attention aux pensées 67
L'attention aux intentions 70
Être un naturaliste 75
En accord avec la nature 78
Travailler avec la colère 82

La peur 86

Metta 92

Brèves instructions pour la méditation sur la bonté bienveillante 94

La compassion : faire face à la souffrance sans résistance 97

La patience 99

Le perfectionnement de la sagesse 102

La concentration 105

La conscience réceptive 109

L'Eveil – la conscience libérée 112

Prendre refuge 114

Le joyau de la Sangha 116

L'interrogation comme pratique 120

Notre réponse face aux tragédies 124

Appendice 127

Theravada – La voie de la libération 127

L'« Insight Meditation Center » de Redwood City 143

Metta Sutta 147

Donations (Dana) 148

Remerciements

Beaucoup de personnes ont contribué à ce livre et je leur suis très reconnaissant de leur générosité. Le matériel initial pour cet ouvrage et pour beaucoup d'autres projets provient des nombreuses initiatives prises par Elizabeth Adler et Bernice LaMar pour soutenir notre groupe de méditation. Elles furent les premières à enregistrer, transcrire et éditer mes exposés et préparèrent le terrain pour d'autres initiatives. Allicin Rauzin m'a tellement aidé qu'il ne m'est pas possible d'énumérer tous ses efforts. Son aide dévouée a permis de créer la base de notre centre de méditation tel qu'il existe aujourd'hui. Les années qu'elle a passées à enregistrer mes exposés ont rendu possible leur transcription. Je suis aussi profondément reconnaissant à Louis Mendelowitz pour les années qu'il a passées à faire ces enregistrements. J'apprécie aussi beaucoup son aide fiable et constante, ainsi que la façon dont il a soutenu nos réunions par ses efforts discrets. Mes remerciements vont aussi à Jennifer Lemas et Glen Ingram pour la qualité des enregistrements qu'ils ont faits.

Au fil des années, beaucoup de personnes ont transcrits mes exposés : je remercie Terry Craven, Judy Windt, Cheryll Gasner, Andrea Fella, Nancy Van House, Rainbow, Ann Mallard, Melissa Saphir, et Marge Martus.

Cheryl Hylton a eu l'idée de ce livre qui n'est qu'un exemple des nombreuses idées créatives qu'elle a offertes à notre communauté de méditation.

Mes remerciements les plus sincères vont à Nancy Van House et Andrea Fella pour les innombrables heures passées à éditer mes exposés et mes écrits. Sans leurs efforts, ce livre n'aurait jamais été publié. Travailler avec elles a été un véritable privilège et je les en remercie avec révérence. Barbara Gates a aidé à éditer certains des essais qui avaient initialement paru dans « Inquiring Mind » et « Tricycle » : tous mes remerciements pour sa générosité, son expertise et le soin qu'elle a apporté à son travail.

Andrea Fella a été aussi l'éditrice en cheffe de ce livre. Ces pages sont le témoin de son esprit méticuleux et de son attention au détail.

Thanissaro Bhikkhu, Tamara Kan, David Milne, Denise Kaplan et Stephen Browning ont révisé et commenté les premières ébauches de ce livre. Merci beaucoup !

Mes remerciements vont en particulier à Elena Silverman qui a consacré son expertise et sa passion à la mise en page et au design de ce livre. Tous mes remerciements aussi à Stephen Browning pour sa conception de la page de couverture et pour l'œuvre d'art qui la décore.

Enfin, je présente ma profonde gratitude à tous ceux qui ont pratiqué avec moi ces onze dernières années pendant lesquelles j'ai enseigné à Palo Alto. Mon rôle étant celui de l'enseignant, peut-être que certaines personnes ne réalisent pas que je pratique avec la communauté. Je vois notre communauté plus comme un groupe avec lequel je peux pratiquer, que comme un groupe auquel j'enseigne. A ce titre, ma gratitude pour l'opportunité qui m'est offerte de faire partie de cette communauté est infinie. Je suis aussi très conscient du fait que mon enseignement et ceux qui l'écoute sont interdépendants. Quelles que soient la sagesse ou les paroles utiles que vous puissiez trouver dans ce livre, elles ne sont pas miennes ; elles résultent plutôt de l'effort collectif que nous faisons pour vivre le Dharma[1]. Cependant, j'assume la responsabilité de tout ce qui n'est pas judicieux. Comme il est dit : « Toute sagesse est un plagiat, seule la bêtise est inédite. »

---

[1] Dans ce contexte, Dharma désigne l'ensemble des enseignements du Bouddha, ainsi que les phénomènes qui constituent notre expérience.

Remerciements du traducteur

Après avoir lu « Toucher le cœur du sujet » dans sa version originale (« The Issue at Hand ») et avoir apprécié la façon directe et pragmatique dont son auteur approchait l'enseignement de la méditation Vipassana et des paroles du Bouddha, l'idée de traduire ce livre m'est venue. Malheureusement, mes talents littéraires n'ont jamais été très développés et après plus de dix ans passés aux Etats-Unis, mon français est fortement teinté d'anglicismes. Ce n'est qu'avec l'aide dévouée de Claudine Latombe et Mikael Bourges-Sevenier, deux membres de la sangha de l'Insight Meditation Center à Redwood City en Californie, que ce projet a pu être mené à terme. Je les en remercie chaleureusement.

L'aide de Marilène Vuille, une amie de longue date qui réside en Suisse, m'a été aussi extrêmement précieuse. Ses nombreuses corrections et suggestions ont beaucoup allégé le texte et amélioré sa lisibilité. Je lui en suis très reconnaissant. Je la remercie également pour les nombreuses heures qu'elle a passées au téléphone pour m'aider à comprendre et éclaircir des points qui m'étaient encore obscurs.

Je suis très heureux de pouvoir offrir ce livre de Gil Fronsdal à la communauté francophone. J'espère que sa lecture, et surtout son application, vous apportera joie, paix et liberté.

Introduction : Toucher le cœur du sujet

Autrefois, il y a longtemps, les gens marchaient pieds nus. Un jour, une reine, marchant dans un champ de pierre, coupa son pied sur un caillou tranchant. Agacée, elle appela ses ministres et leur donna l'ordre de recouvrir la principauté de cuir. Un sage ministre s'avança et suggéra une meilleure solution. « Plutôt que de recouvrir tout le royaume, couvrons la plante des pieds de tout le monde. » La reine accepta et ce fut l'origine des souliers.

Il semble idiot de couvrir de cuir un royaume pour protéger ses pieds. De manière similaire, certaines des stratégies de vie que nous adoptons sont des tentatives de recouvrir le monde. Prendre soin du point de contact immédiat entre nous et le monde est une manière beaucoup plus efficace de vivre.

Dans les enseignements du Bouddha, l'attention[2] est ce qui nous permet d'observer le point de contact. L'attention suppose la connaissance de ce qui se passe dans le moment présent, pendant son déroulement même. La pratique de l'attention est un entraînement pour apprendre à ne pas nous perdre dans nos pensées, nos opinions et notre réactivité. C'est aussi un entraînement pour apprendre à voir les choses comme elles sont, et non pas à les voir à travers le filtre souvent distordu de nos idées et de nos interprétations, qui sont souvent préconçues.

L'attention nous protège comme des chaussures. Mais les chaussures peuvent seulement nous protéger du monde extérieur, c'est-à-dire du sol. L'attention nous protège aussi bien du monde extérieur que de notre monde intérieur. Nous sommes protégés du monde extérieur car nous pouvons le voir plus clairement. Nous sommes protégés des mondes

---

[2] Dans cette traduction, le terme « attention » est généralement utilisé pour traduire le mot anglais « mindfulness », qui lui-même est la traduction du mot Pāli « sati ». Le mot « attention » ne rend pas toutes les nuances du mot « sati ». Sati combine les notions d'attention, de lucidité, de vigilance et de présence.

intérieur et extérieur en prêtant attention à nos réactions et en les choisissant judicieusement. L'attention renforce notre capacité à éviter les impulsions nuisibles et à agir de manière bénéfique.

S'exercer à être attentif signifie donc s'exercer à trouver le point de contact. Une autre façon de dire cela est qu'on cherche à « toucher le cœur du sujet ». J'aime cette expression car elle suggère ce qui peut être touché, ce qui peut être directement vu et senti.

Si nous passons beaucoup de temps à anticiper le futur, le cœur du sujet n'est pas représenté par les événements futurs, mais au contraire par ce qui est tangible et palpable dans le présent : les expériences physiques et mentales immédiates de l'anxiété ou de l'excitation causées par notre anticipation. Si nous passons beaucoup de temps dans des rêveries, le cœur du sujet peut être les sensations physiques créés par l'ennui qui les alimente. Si nous sommes engagés dans une conversation et que nous sommes en colère, nous ne trouverons pas le cœur du sujet en ressassant des événements passés ou en nous attardant sur les jugements que nous portons sur notre interlocuteur. Nous le trouverons plutôt en basant la conversation sur les sentiments que chaque interlocuteur éprouve durant celle-ci. Cela ne signifie pas que nous ne pouvons pas revenir sur le passé, mais qu'il est important de ne pas perdre le contact avec nous-mêmes et avec notre interlocuteur.

Essayer de toucher le cœur du sujet signifie essayer de toucher ce qui est à portée de main : ce qui peut-être vu, entendu, senti, goûté, ressenti et directement connu dans le présent. Parfois, la manière dont nous abordons notre expérience directe constitue le cœur du sujet. Quand j'enseigne l'attention à des enfants, je tiens une petite cloche dans ma main. Tout d'abord, je la serre dans mes doigts et leur montre que quand je la frappe avec le marteau, elle rend un son terne. Ensuite, je pose la cloche en équilibre sur la paume de ma main ouverte, sans la serrer du tout. Cette fois, quand je la frappe, elle rend un son cristallin.

Quand ce sont nos attachements qui nous semblent le plus au cœur du sujet, nous leur prêtons soigneusement attention. Une des tâches fondamentales de l'attention est de nous aider à nous défaire de nos attachements. Il est en effet possible d'avoir un contact direct avec nous-mêmes et le monde qui soit caractérisé par l'absence d'attachement. La main fermée, la main qui se cramponne, la main qui résiste, peut se relâcher. Nous pouvons peut-être toucher cette terre qui est la nôtre avec la même douceur et tendresse que celles du Bouddha se penchant pour toucher la terre la nuit de son éveil, utilisa.

Le livre que vous tenez entre vos mains est une compilation d'essais et de discours édités portant sur la pratique Bouddhiste de l'attention. Beaucoup de ces chapitres ont vu le jour sous la forme de discours donnés le lundi soir ou le dimanche matin au Centre de Méditation Vipassana de Redwood City, en Californie. Quelques-uns de ces chapitres ont été écrits tout spécialement pour être publiés dans des revues, des magazines ou des journaux bouddhistes.

Ce livre est une offrande du Dharma. De même que le but d'aller au restaurant n'est pas de lire le menu mais de manger, le but d'un livre sur le Dharma n'est pas de simplement de le lire ou ni même de le comprendre. J'espère que les enseignements donnés vous encourageront à toucher le cœur du sujet.

Ceci est la seule Voie,
Il n'y en a pas d'autre pour purifier sa vision.
Suivez-la, et vous mettrez Mâra en déroute.
Suivez-la, et vous mettrez fin à la douleur.
Dhammapada 274-275

Les Quatre Nobles Vérités

> *Un jour, alors que le Bienheureux demeurait à Kosambi dans les bois, il prit quelques feuilles dans sa main et s'adressa ainsi aux Bhikkhus: « Bhikkhus, pensez-vous que sont plus nombreuses ces quelques feuilles que j'ai prises dans la main ou celles qui sont dans ce bois ? »*
>
> *« Vénérable, les feuilles que le Bienheureux a prises dans ses mains sont peu nombreuses, mais celles dans le bois sont nombreuses. »*
>
> *« De même, Bhikkhus, les choses que j'ai connues directement mais que je n'ai pas enseignées sont nombreuses, alors que les choses que je vous ai enseignées sont peu nombreuses. Et pourquoi, Bhikkhus, ne vous ai-je pas enseigné beaucoup de ces choses ? Parce qu'elles ne sont pas bénéfiques, sans rapport avec l'essentiel de la vie sainte...et ne mènent pas à la paix... »*
>
> *Samyutta Nikaya V.437-438*

Ce sutta nous montre que le Bouddha enseignait seulement une très petite partie de ses connaissances. Dans d'autres textes, le Bouddha dit : « J'enseigne une chose et une chose seulement, la souffrance et la fin de la souffrance. » Cette définition est l'une des plus simples de la pratique du Bouddhisme et elle témoigne de notre capacité de passer de la souffrance à la libération de la souffrance.

De là, nous pouvons découvrir le monde avec compassion et réceptivité.

Notre tradition est très simple comparée à d'autres traditions bouddhistes. Certains peuvent penser qu'elle est indigente parce qu'elle ne consiste qu'en une poignée de feuilles. Elle ne possède pas toutes les feuilles de tous les arbres du bois. À trop se concentrer sur le nombre incalculable de feuilles, certaines personnes sont parfois aveuglées. Dans la tradition Theravada l'accent est mis sur la compréhension de la souffrance, comment s'en délivrer et comment devenir heureux. En fait, se libérer requiert très peu de connaissances.

Dans son premier sermon « Tourner la roue du Dharma[3] » le Bouddha présente son enseignement sur la souffrance et la fin de la souffrance sous la forme des Quatre Nobles Vérités. Elles forment l'enseignement fondamental du Bouddhisme depuis plus de 2500 ans. Presque toutes les traditions bouddhistes considèrent les Quatre Nobles Vérités comme un enseignement essentiel. Elles sont faciles à comprendre intellectuellement, mais il est dit qu'une compréhension profonde de l'effet de ces Quatre Nobles Vérités n'est possible que pour quelqu'un dont la libération est pleinement mûre.

Lorsqu'il formula son enseignement des Quatre Nobles Vérités le Bouddha emprunta un modèle médical. Au temps du Bouddha, un médecin diagnostiquait un problème, définissait ses causes, posait son pronostic et prescrivait un traitement. Le Bouddha suivi cette méthode lorsqu'il formula les Quatre Nobles Vérités :

1. La souffrance existe.
2. La cause de la souffrance est le désir insatiable.
3. La cessation de la souffrance est possible.
4. La cessation de la souffrance peut être atteinte en suivant le Noble Chemin Octuple.

---

[3] Dhammacakkappavattana Sutta

Il est significatif, je crois, qu'il ait choisi un modèle médical car il a ainsi évité la métaphysique. Les religions ont tendance à être imprégnées de croyances métaphysiques ou cosmologiques que les disciples sont requis d'accepter pour que le reste du système devienne compréhensible. Mais le Bouddha estimait que les spéculations métaphysiques ne nous aidaient pas à comprendre la liberté, la délivrance de la souffrance. Il évitait les dogmes. Il a offert des exercices et perspectives que nous pouvons vérifier par nous-mêmes, plutôt qu'une doctrine que nous devons accepter. En effet, une des qualités fondamentales des Quatre Nobles Vérités est d'offrir un guide pour la vie spirituelle sans que nous devions adhérer à des croyances métaphysiques.

La Vérité de la Souffrance

La première Noble Vérité dit simplement que la souffrance existe. Elle ne dit pas que la vie est souffrance. Que la souffrance existe ne parait peut-être pas être une déclaration particulièrement profonde. La souffrance découle du fait d'être humain. La douleur fait partie de la condition humaine. On se cogne l'orteil et ça fait mal. Notre dos se démet. Même le Bouddha était sujet à la souffrance physique ; parfois il refusait de donner un discours sur le Dharma à cause de ses douleurs de dos. Les peines émotionnelles sont inévitables si nous sommes ouverts au monde. Quand des gens souffrent autour de nous et que nous sommes ouverts à leur souffrance, nous ressentons parfois un inconfort dû de notre pouvoir d'empathie. Etre humain est en partie sentir et comprendre ce qui se passe autour de nous. Cependant, le Bouddha ne cherchait pas à nous aider à nous libérer du genre de souffrance qu'est la douleur physique.

Dans le contexte des Quatre Nobles Vérités, nous pouvons faire la différence entre la souffrance inévitable et la souffrance optionnelle. La souffrance optionnelle est créée quand nous réagissons à notre expérience, par exemple en nous mettant en colère contre la souffrance intrinsèque à la douleur ou lorsque nous nous accrochons au plaisir. Quand nous souffrons de douleurs physiques ou de maladie, nous commençons parfois par nous juger nous-mêmes : « Qu'ai-je fait de faux pour que cela *m*'arrive ? » Nous devenons critiques envers nous-mêmes ou nous blâmons les autres. Ou nous nous mettons en colère, devenons tristes ou sombrons dans la déprime face à la souffrance présente dans le monde. Quand nous réagissons avec aversion ou attachement, justification ou condamnation, nous ajoutons de la souffrance optionnelle. Ces réactions accroissent les complications et la souffrance de notre vie. Il est possible de faire l'expérience de l'inévitable peine de la vie d'une manière simple et directe. Si la douleur est inévitable, ne pas y résister rend la vie beaucoup plus simple.

Ainsi l'enseignement des Quatre Nobles Vérités ne nous promet pas de nous soulager de la souffrance inévitable qui provient de notre condition humaine. La souffrance qu'adressent les Quatre Nobles Vérités est celle qui est liée au stress engendré par la relation que nous établissons avec notre expérience. Quand nous nous attachons, nous souffrons. Quand nous essayons de garder nos distances par rapport à notre expérience, ou de la repousser, nous souffrons encore. Nous nous attachons à notre expérience, ou la repoussons, d'un nombre infini de manières.

Développer un intérêt pour notre souffrance est le moyen de travailler avec les Quatre Nobles Vérités. D'après les textes anciens, seule la souffrance permet d'accéder à la voie Bouddhiste. D'un point de vue bouddhiste, la reconnaissance de la souffrance est sacrée ; celle-ci est digne de respect. Nous devons étudier notre souffrance, chercher à bien la connaître, avec le même sérieux que nous attendons des médecins qui traitent nos maladies.

Mais toute souffrance n'est pas monumentale. Nos souffrances plus subtiles peuvent nous aider à comprendre notre souffrance plus profonde. Il est donc aussi important d'étudier les souffrances mineures de notre vie, comme la frustration causée par un embouteillage ou l'irritation envers des collègues.

Nous pouvons étudier notre souffrance en prêtant attention à quoi nous nous attachons et de quelle manière. Pour nous aider à comprendre notre souffrance et de quoi nous souffrons, le Bouddha a énuméré quatre types d'attachement ou de dépendance. Les Occidentaux trouveront peut-être que le plus facile à délaisser est l'attachement aux pratiques spirituelles et à l'éthique. Parfois nous nous attachons à notre pratique parce que nous nous raccrochons à l'espoir d'être libérés de la souffrance. Parfois nous nous attachons aux règles d'une pratique spirituelle, pensant que la seule chose requise est de les suivre. Ou il se peut que nous utilisions notre pratique pour nous forger une identité, ou pour nous évader de la vie. Nous pouvons aussi nous attacher aux préceptes et aux règles d'éthique pour trouver une certaine sécurité. Parfois, parce que nous avons le sentiment que la voie Bouddhiste est merveilleuse, nous nous entêtons à essayer d'y attirer d'autres gens. Cet attachement à une pratique spirituelle cause de la souffrance pour nous et de la gêne pour les autres.

Le deuxième type d'attachement est notre attachement à nos vues. Ceci inclut toutes les opinions, histoires ou jugements auxquels nous nous raccrochons. Ceux-ci peuvent avoir une forte emprise sur nous et sur notre perception du monde. Peu de gens remettent en question leur croyance en leurs points de vue et les actions qui en découlent. Beaucoup de nos émotions sont le résultat de nos points de vue ; même notre sens du soi peut être construit autour d'elles.

Un exemple classique illustre comment nos points de vue créent nos émotions. Réfléchissez à la manière dont vous réagiriez si quelqu'un vous faisait faux bond. Vous deviez rencontrer quelqu'un ; vous attendez au coin d'une rue, au froid. Personne ne vient. C'est tout ce qui se passe vraiment. A ces faits, nous rajoutons souvent une histoire : cette personne ne me respecte pas. Cette évaluation faite, notre colère monte. Cette colère ne survient pas parce que nous sommes entrain d'attendre dans un coin de rue et que personne ne vient. Elle survient parce que nous devenons obsédés par l'histoire que nous avons créée, qui peut être vraie ou fausse. Cet individu aurait pu avoir un accident et être aux urgences. Nous devons être conscients de nos interprétations ou suppositions et, sans leur donner trop de poids, envisager l'éventualité d'être dans l'erreur. Et s'il se trouve qu'elles sont correctes nous devons ensuite savoir comment agir avec sagesse sans même nous accrocher à la vérité.

La troisième forme d'attachement est l'attachement au sens du moi. Nous nous construisons une identité et nous nous y accrochons. La construction d'une identité ou d'une définition du moi est en fait la fabrication d'un point de vue. C'est l'« histoire de moi » et nous nous y attachons plutôt que de simplement laisser les choses être comme elles sont. Maintenir et défendre une image du moi peut demander un grand effort. Cela peut alimenter une préoccupation égocentrique pour notre façon de parler, de nous habiller ou de nous comporter. Nous évaluons toute chose en fonction de son rapport à nous-mêmes, ce qui nous cause des souffrances sans fin.

Le quatrième type d'attachement est l'attachement au plaisir sensuel, qui inclut l'aversion contre l'inconfort. Dans les textes bouddhistes, c'est le premier type d'attachement ; je le mets en dernier car parfois cette approche dérange les gens. En lui-même, le plaisir sensuel n'est pas un problème ; notre vie nous apporte beaucoup de plaisirs sensuels. Le problème est que nous nous y attachons. William Blake exprime ceci admirablement :

> *Celui qui s'attache à un bonheur*
> *Coupe les ailes de la vie*
> *Mais celui qui embrasse le bonheur au vol*
> *Vit dans l'éternité du soleil levant.*

L'attachement au plaisir des sens est tellement prépondérant que beaucoup d'entre nous ont le sentiment que cela va mal quand les circonstances sont désagréables. Mais des sensations désagréables ne sont que des sensations désagréables jusqu'au moment où nous y rajoutons une histoire. Confondre le plaisir avec le bonheur est un moyen sûr d'alimenter l'attachement au plaisir. Une part importante de la pratique bouddhiste est de découvrir un bonheur qui n'est pas lié à des objets de désir et de plaisir. Grâce à cette découverte, le charme séduisant du plaisir sensuel commence à diminuer.

La vérité de la Cause de la Souffrance

Le mot *dukkha* qui se traduit par souffrance est un proche parent du mot *sukha* qui signifie bonheur. Ils ont tous deux la même racine : *-kha* qui signifie, étymologiquement, le moyeu d'une roue. *Du-* signifie « mauvais », alors que *su-* signifie « bon ». Donc étymologiquement *dukkha* signifie « une roue déglinguée » ou une « roue désaxée. »

La Deuxième Noble Vérité affirme que ce qui nous « désaxe », ce qui nous cause de la souffrance, est le désir insatiable. En Pali, le mot est *tanha* et signifie littéralement soif. Il est parfois traduit par désir, mais cette traduction tend à suggérer que tous les désirs sont problématiques. Ce qui cause de la souffrance est le désir (ou l'aversion) compulsif. Le désir insatiable signifie aussi bien être attiré par des expériences et des objets que se sentir obligé de les repousser. Que ce désir insatiable soit subtil ou grossier, si nous n'y sommes pas attentifs, nous ne serons pas conscients de sa contribution à notre souffrance.

Une des raisons pour lesquelles le Bouddhisme est tellement concentré sur le moment présent est que la souffrance se rencontre *seulement* dans le moment présent. De plus, le désir insatiable, la cause de cette souffrance, ne peut survenir que dans le moment présent. Même quand les conditions menant à la souffrance sont dans le passé, le souvenir de ces conditions nous revient dans le présent. Dans notre pratique, nous insistons sur le moment présent dans l'espoir de comprendre clairement le fonctionnement du désir insatiable dans le moment présent. Dans le moment présent, nous pouvons trouver aussi bien la cause que le soulagement de notre souffrance.

C'est donc tout simplement dans le moment présent que nous pouvons comprendre les Quatre Nobles Vérités. Durant notre méditation, nous essayons tout d'abord de nous centrer dans le moment présent. Nous nous installons dans une posture confortable, prenons conscience de notre corps, écoutons les sons autour de nous, ou ressentons les sensations créées par notre respiration. Une fois dans le moment présent, nous pouvons commencer l'exploration de notre expérience : par quoi sommes-nous attirés ? Que repoussons-nous ? Comment créons-nous notre souffrance ?

La Vérité de la Cessation de la Souffrance

La Troisième Noble Vérité exprime la possibilité de la libération, de la cessation de la souffrance. Quand nous voyons notre souffrance et comprenons clairement qu'elle est causée par le désir insatiable, nous savons que nous libérer de la souffrance est possible quand nous nous dessaisissons de ce désir.

Le mot *nibbana* ou *nirvana* fait référence à la libération de la souffrance. Alors que la tradition Theravada décrit parfois le terme *nibbana* comme étant un grand bonheur ou une grande paix, il est plus souvent défini comment étant le résultat d'une absence complète d'attachement ou de désir insatiable. L'une des raisons d'opter pour cette définition négative est que *nibbana* est tellement différent de ce que le langage peut exprimer qu'il est préférable de ne pas essayer. Une autre raison est d'éviter que le but de la pratique bouddhiste ne soit obscurci par des spéculations métaphysiques sur la nature de ce but.

Eviter toute confusion avec certains états d'existence est une raison supplémentaire de donner cette définition négative de *nibbana*. Nous nous attachons facilement à des états tels que le calme, la paix, la joie, la clarté ou la lumière irradiante, des états qui peuvent parfois survenir lors de la méditation mais qui ne sont pas son but. Nous pouvons croire que nous devons accéder à ces états si nous voulons réaliser la Troisième Noble Vérité. Mais si nous nous rappelons que le non-attachement est la façon d'arriver au lâcher prise, nous serons moins enclins à nous attacher à quelque état que ce soit. Ne vous attachez pas à votre bonheur. Ne vous attachez pas à votre tristesse. Ne vous attachez à aucune réalisation.

La Vérité de la Voie qui mène à la Cessation de la Souffrance

Délaisser tous nos attachements n'est pas facile. Il est difficile de développer l'entendement, la compassion et l'attention nécessaire à un discernement qui nous permettra de délaisser notre souffrance. La Quatrième Noble Vérité est pragmatique. Elle décrit, en huit étapes, la voie qui mène de la souffrance à la liberté. Le Noble Chemin Octuple nous offre les étapes qui vont nous aider à créer les conditions nécessaires au développement de la maturité spirituelle. Elles sont :

1. Compréhension Juste
2. Intention Juste
3. Parole Juste
4. Action Juste
5. Moyens d'existence Justes
6. Effort Juste
7. Attention Juste
8. Concentration Juste

Cette liste est parfois enseignée de façon séquentielle. Un pratiquant développe ces étapes dans l'ordre, clarifiant d'abord sa compréhension et son intention, dans le but d'éviter tout chemin qui est sans rapport avec la voie simple des Quatre Nobles Vérités. Puis il adapte son comportement dans le monde extérieur de façon à soutenir le développement intérieur de l'Effort Juste, de l'Attention Juste et de la Concentration Juste. Dans cette approche séquentielle, un pratiquant n'achève pas chaque étape avant de passer à la suivante. Au contraire, le pratiquant suit un chemin en spirale qui le fait revenir continuellement au début, chaque fois de manière plus approfondie.

Parfois la liste n'est pas enseignée comme étant un chemin qui doit être développé de façon séquentielle. Les huit étapes sont plutôt présentées comme huit aspects de la voie, à développer simultanément. Elles se soutiennent mutuellement, chacune nourrissant toutes les autres. La liste est complète ; elle nous montre comment nous pouvons inclure tous les aspects de notre vie sur le chemin de la pratique. Nous pouvons nous rendre compte de cela si les huit étapes sont classées dans les catégories suivantes : corporelle, verbale et mentale. L'Action Juste et les Moyens d'Existence Justes se rapportent à nos activités corporelles ; la Parole Juste à nos activités verbales et le reste au domaine du mental et du cœur.

Parfois le Chemin Octuple est divisé en trois catégories : l'éthique, les pratiques intérieures et la réalisation (*sila*, *samadhi* et *pañña*). Dans ce cas, les éléments de la catégorie éthique, la Parole Juste, l'Action Juste et les Moyens d'Existence Justes, sont enseignés comme le début du chemin. Après le développement de l'éthique, les pratiques intérieures de l'effort, de l'attention et de la concentration mènent au développement de la réalisation ou de la sagesse.

Le Chemin Octuple offre un riche éventail de pratiques. Etudier et se familiariser avec les huit catégories valent la peine et le temps que l'on y consacre.

Parmi les huit catégories, la tradition Vipassana met un accent plus particulier sur l'attention. Cela est dû en partie au fait que, une fois l'attention approfondie, les autres aspects du Chemin Octuple suivent dans son sillage.

L'attention est aussi l'élément clé de transformation vers la libération. La pratique de l'attention est le véhicule pour réaliser les Quatre Nobles Vérités. Avec la pratique de l'attention, nous apprenons à nous concentrer sur le moment présent, de façon à noter la souffrance quand elle survient.

Nous pouvons nous y intéresser plutôt que de la fuir. Nous pouvons apprendre à être à l'aise avec la souffrance de façon à éviter d'agir de façon inappropriée à cause de notre inconfort. Nous pouvons alors commencer à comprendre les origines de la souffrance et à nous en détacher.

Tous les enseignements du Bouddha sont une élaboration des Quatre Nobles Vérités. En comprenant cette poignée de feuilles, la vie spirituelle peut être simple et concrète. Nous pouvons tous faire l'expérience de la grande joie et de la paix qui surviennent lorsque nous nous libérons de nos attachements.

Quel rire, quelle exultation peut-il y avoir,
   Alors que le monde brûle à jamais.
Etant submergé par l'obscurité,
   Pourquoi ne cherchez-vous pas la lumière ?
                              Dhammapada 146

L'intolérance à la souffrance

Le Bouddhisme est souvent considéré comme une religion de tolérance. C'est le cas à bien des égards. Mais durant notre pratique, une forme particulière d'intolérance se développe : l'intolérance à la souffrance. J'utilise le mot « intolérance » de manière délibérée et provocatrice, pour vous encourager à réfléchir à la souffrance et aux problèmes qui y sont liés.

Prendre la souffrance au sérieux est un élément important de la pratique bouddhiste. L'ignorer serait passer à côté de quelque chose d'important. L'intolérance à la souffrance a motivé le Bouddha à trouver un moyen de s'en libérer. La souffrance, ou un sentiment d'insatisfaction à l'égard de la vie, motive les gens à s'engager sur un chemin spirituel. Nous libérer de notre souffrance, voilà le défi que nous lance le Bouddha.

Souvent les gens sont assez tolérants envers leur souffrance, particulièrement la souffrance subtile liée aux activités quotidiennes. Par exemple, nous ne prêtons peut-être pas attention aux légères tensions qui peuvent survenir lorsque nous conduisons une voiture : nous allons un peu plus vite que nécessaire, ou nous jugeons les autres conducteurs, ou alors notre destination nous rend anxieux. Ce léger stress tend à s'accumuler avec le temps, finissant par avoir des conséquences sur notre humeur générale.

Les gens tolèrent aussi une souffrance plus importante. Par exemple, nous choisirons peut-être d'ignorer nos problèmes relationnels par crainte de créer plus de souffrance. Ou nous pouvons tolérer passivement une angoisse existentielle comme la peur de la mort, sans jamais l'examiner profondément, sans jamais nous délivrer de son emprise sur notre vie.

Nous tolérons la souffrance de nombreuses manières et avons de nombreuses raisons de nous comporter ainsi. Nous évitons de faire face à notre souffrance car les conséquences nous font peut-être peur. Nous pouvons devenir insensibles à la souffrance ou nous pouvons nous en détourner. Nous pouvons intentionnellement nier l'existence de ce qui nous met fortement mal à l'aise.

Nous pouvons aussi tolérer notre souffrance par ambition ou par désir. Ou alors nous sommes disposés à accepter un peu de souffrance dans l'espoir de parvenir à une meilleure situation. Parfois cette tolérance est une composante nécessaire de la vie. Par exemple, un grand nombre d'entre nous a toléré des situations désagréables pour obtenir un diplôme universitaire. La valeur de l'éducation reçue nous faisait supporter ces désagréments.

Mais de tels compromis ne sont pas toujours valables. Quand nous considérons nos valeurs les plus profondes, il se peut que nous découvrions que le jeu n'en vaut pas la chandelle. Par exemple, les années de stress nécessaires à l'accumulation d'une fortune financière n'en valent peut-être pas la peine.

Faire face à des crises majeures ou des tragédies personnelles peut être très difficile. Mais si nous avons acquis de l'expérience avec des problèmes moins importants, il peut nous être plus facile de nous en occuper. Les souffrances mineures de notre vie, par exemple notre manière de conduire ou de parler à nos collaborateurs peuvent nous paraître sans importance. Mais si nous prenons soin d'examiner ces petites insatisfactions, nous pouvons créer une ambiance de bien-être, de paix et de responsabilité dans lequel nous pourrons plus facilement résoudre les plus grosses difficultés à venir.

Au sens bouddhiste, notre intolérance à la souffrance ne signifie pas que nous la rejetions ou que nous luttions contre elle. Cela signifie que nous nous arrêtons et la regardons, non pas par intérêt morbide, mais parce que nous croyons que, grâce à la compréhension de nos souffrances, il est possible de vivre une vie joyeuse et paisible.

Dans la pratique bouddhiste, nous examinons la nature de la souffrance. Une de nos premières découvertes peut être de remarquer la relation que nous entretenons avec la souffrance. Nous pouvons découvrir la manière malsaine que nous avons de la tolérer, de l'éviter ou de l'accepter.

Il se peut que nous remarquions notre aversion pour la souffrance. Essayer de nous débarrasser de nos peines est une autre forme de souffrance. Notre aversion envers la souffrance crée encore plus de souffrance.

Nous pouvons aussi remarquer comment la souffrance fonctionne dans notre vie. Nous l'utilisons peut-être pour nous juger de façon inappropriée ou comme preuve de notre incompétence, de notre incapacité à être à la hauteur ou pour justifier un sentiment de culpabilité. S'identifier fortement à la souffrance peut devenir une manière d'être. Des gens s'accrochent parfois à une identité de victime et veulent être traités ainsi par les autres. Nous pouvons utiliser notre souffrance de telle sorte que les gens réagissent envers nous d'une manière éventuellement malsaine.

Cependant, notre volonté d'étudier et de sonder notre souffrance de manière non-réactive change la relation que nous entretenons avec elle. Nous utilisons une partie saine de notre psychisme dans la rencontre avec la souffrance. Au lieu d'être absorbés par la souffrance, de la détester ou encore de nous en couper, nous demandons simplement : « Qu'est-ce que cela ? » Ce pas vers une relation différente avec notre souffrance est un aspect important de la pratique bouddhiste.

La méditation nous aide à développer notre concentration. Quand nous développons notre concentration en utilisant quelque chose d'aussi simple que la respiration, nous contrecarrons la force de nos attachements avec la force de notre concentration. Souvent, la concentration crée un sentiment de calme, de facilité et même de joie qui, à son tour, commence à changer notre relation à la souffrance.

Mais la concentration n'est qu'une partie de la pratique de l'attention. L'attention renforce notre aptitude à examiner de manière honnête et sans détour les origines de notre souffrance. Elle nous aide à voir que les causes de notre souffrance sont en fait dans le moment présent. Les conditions qui ont donné naissance à la souffrance sont dans le passé et les comprendre peut être salutaire. Mais la souffrance existe dans le moment présent, ainsi que le désir insatiable, l'aversion et la peur qui l'alimentent. Si nous arrivons à couper cette alimentation en évitant de nous attacher à ces émotions, la souffrance s'estompe. L'attention, conjointement avec la concentration, nous permet de voir que cet attachement de chaque instant est au cœur de notre souffrance.

L'intolérance à la souffrance peut coexister avec la joie. Bien sur, nous ne nous réjouissons pas de la souffrance en elle-même, mais nous pouvons prendre plaisir à utiliser notre pratique pour la comprendre. A mesure que notre intolérance à la souffrance se développe et que nous faisons face honnêtement à cette souffrance, nous commençons à voir la possibilité de vivre une vie paisible et joyeuse.

Vigilant parmi les négligents,
Bien éveillé parmi les dormeurs,
Le sage (sumedho) avance comme un cheval rapide,
Laissant derrière lui un plus faible.
Dhammapada 29

La pratique de l'attention

Dans le *Mahaparinibbana Sutta*, le texte sacré qui consigne les derniers enseignements du Bouddha, le Bouddha résume ce qu'il a découvert grâce à son éveil et ce qu'il a enseigné pendant 45 ans. Il est significatif qu'il ne décrive pas un ensemble de doctrines ou un système de croyances, mais qu'il donne plutôt une liste de pratiques et de qualités développées grâce à la vie spirituelle. En enseignant des pratiques plutôt que des « vérités », le Bouddha a offert des méthodes pour nous aider à découvrir notre potentiel pour une vie paisible, compatissante et libérée. En un sens, la pratique bouddhiste s'intéresse à la découverte par chacun de nous de ce qu'y a de plus vrai dans nos cœurs et nos corps, plutôt qu'à ce que la tradition, les textes sacrés ou les enseignants peuvent déclarer être vrai.

La méditation introspective[4], ou *Vipassana*[5], est un des enseignements centraux du Bouddha. Elle a continué à être pratiquée de manière ininterrompue pendant 2500 ans. Au cœur de la méditation Vipassana se trouve la pratique de l'attention, le développement d'une conscience claire, stable et qui ne juge pas. Bien que la pratique de l'attention puisse être très efficace pour nous aider à trouver du calme et de la clarté face aux pressions de la vie quotidienne, c'est aussi un chemin spirituel qui fait disparaître progressivement les

---

[4] En anglais : Insight meditation.
[5] Daniel Millès, dans sa traduction d'un article de Gil Fronsdal intitulé « Vipassana : une pratique de méditation ou une tradition », donne l'explication suivante pour ce terme de « Vipassana » : « Le terme Vipassana signifie voir clairement, en profondeur; il est souvent traduit par "vision claire", "vue pénétrante", "intelligence introspective". Le Maître Vietnamien Thich Nhat Hanh le traduit par "regard profond". »

obstacles au développement de notre sagesse, de notre compassion et de notre liberté.

Le mot *Vipassana* veut littéralement dire « vision claire. » Cultiver notre capacité à voir clairement est le fondement qui nous permet d'apprendre à être présents pour les choses telles qu'elles sont, à mesure qu'elles apparaissent. C'est apprendre à voir sans les filtres que sont les préjugés, les jugements, les projections ou les réactions émotionnelles. Cela suppose aussi de développer la confiance et la force intérieure qui nous permettent d'être avec les choses telles quelles sont, plutôt que telles que nous les souhaiterions. La pratique de l'attention n'implique pas que nous changions qui nous sommes. Au contraire, c'est une pratique qui nous permet de voir clairement qui nous sommes, de voir ce qui se passe juste au moment où cela se déroule, sans interférence. Dans ce processus, sans même essayer de le faire, nous pouvons être transformés.

L'attention dépend d'une caractéristique importante de la conscience : la conscience par elle-même ne juge pas, ne résiste pas et ne s'accroche à rien. Si nous nous appliquons à être simplement conscients, nous apprenons à nous désentraver de nos réactions habituelles et nous commençons à avoir une relation plus amicale et compatissante avec notre expérience, avec nous-mêmes et avec les autres.

Cependant, la conscience de notre expérience est souvent confondue avec l'autocritique, qui est le jugement de ce dont nous faisons l'expérience en fonction de nos opinions et de l'image que nous avons de nous-mêmes.

Par exemple, si nous nous mettons en colère pendant une séance de méditation, une autocritique pourrait être : « Zut ! Je suis de nouveau en colère ! Je m'en veux d'être toujours aussi en colère. » Avec la pratique de l'attention nous cultivons une conscience qui reconnaît la présence de la colère sans la juger – nous sommes conscients « qu'il y a de la colère. »

Si nous voyons une fleur magnifique, la conscience nous permet de simplement apprécier la fleur. Une réponse jugeante et tournée vers nous-mêmes pourrait être : « Ceci est une fleur magnifique et je la veux pour moi, ainsi les gens sauront que j'ai bon goût et ils m'admireront. »

Une des pierres d'angle de la pratique et de l'enseignement bouddhiste est une grande appréciation du présent. Cela implique de reconnaître que nos plus belles expériences n'arrivent que si nous sommes dans le moment présent. Pour que l'amitié, la joie, la générosité, la compassion et l'appréciation de la beauté puissent voir le jour, nous devons nous accorder le temps et la présence d'être conscients.

Apprécier le moment présent implique d'apprendre que nous pouvons lui faire confiance si nous sommes présents pour lui. Si nous pouvons prêter attention sans réserve et ne pas réagir précipitamment à ce qui se passe dans le présent, nous apprendrons alors à répondre de manière appropriée face à toute situation.

Être appréciatif et faire confiance n'est pas toujours facile. Une partie de la pratique bouddhiste est de découvrir ce qui nous empêche d'apprécier le moment présent et de lui faire confiance. Quelle est notre véritable frustration, notre résistance, notre souffrance, notre méfiance ? Quand ces sentiments sont en jeu, le travail de l'attention est de les reconnaître clairement et de continuer à en avoir conscience, sans jugement.

Les enseignements bouddhistes suggèrent que lorsque nous trouvons la chose qui nous empêche d'apprécier le présent, la chose qui nous empêche de faire confiance, la chose même qui nous fait souffrir, c'est une porte vers la liberté et l'éveil. Nous apprenons à vivre de manière ouverte et confiante, plutôt qu'avec une image de nous-mêmes et toute l'autocritique, l'aversion et l'orgueil que cela comprend. Dans la pratique de l'attention, rien de notre humanité n'est renié. Nous découvrons progressivement une manière d'être présent pour tout – pour tous les aspects de notre humanité – de façon que tout devienne une porte vers la liberté, la compassion et nous-mêmes.

Comme un poisson tiré hors de l'eau
Et jeté sur la terre, cet esprit s'agite,
Essayant d'éviter le pouvoir de Māra.
Dhammapada 34

Comment l'attention marche quand elle ne marche pas

Lors de la pratique de l'attention, il peut être utile de se rappeler que la pratique marche même quand elle n'a pas l'air de marcher. Peut-être qu'une analogie expliquera mieux cela.

Considérez un ruisseau de montagne dont l'eau est plutôt claire et paraît tranquille et immobile. Si vous mettez un bâton dans l'eau, une petite vague se forme autour du bâton et montre qu'en réalité l'eau coule. Le bâton devient le point de référence qui nous aide à voir le mouvement de l'eau.

De manière similaire, la pratique de l'attention est un point de référence qui nous aide à remarquer les aspects de notre vie qui nous ont peut-être échappé. C'est particulièrement vrai en ce qui concerne l'attention portée à la respiration. Lorsque vous essayez de rester présent avec votre respiration, vous pouvez devenir conscients des inquiétudes et du mouvement continu de l'esprit qui éloignent l'attention de la respiration. Si vous parvenez à suivre votre respiration, alors l'attention prêtée à la respiration est manifestement fructueuse. Cependant, si votre tentative de rester avec votre respiration conduit à une meilleure prise de conscience de ce qui vous éloigne de votre respiration, alors la pratique marche aussi.

En dehors du cadre de la pratique de l'attention, il est assez facile de rester inconscient des préoccupations, des tensions et du mouvement continu qui agissent dans notre vie. Par exemple, si vous êtes occupé à de multiples tâches, le souci de les achever peut masquer la tension qui s'accumule dans le corps et l'esprit. C'est seulement au moment où vous vous arrêtez pour prêter attention que vous prenez conscience des tensions et des sentiments présents.

Parfois, votre tentative d'être avec votre respiration est le seul moyen de voir la vitesse à laquelle votre esprit fonctionne. Lors d'un voyage en train, si vous vous concentrez sur les montagnes au loin, vous ne vous rendrez peut-être pas compte de la vitesse du train. Cependant, si vous ramenez votre attention plus près, les poteaux téléphoniques à côté de la voie apparaissent et disparaissent rapidement, révélant la vitesse du train. Même lorsque vous éprouvez des difficultés à rester avec votre respiration, vos efforts continuels pour y revenir soulignent ce qui pourrait sinon passer inaperçu : le mouvement rapide et continu de l'esprit. En fait, plus nous pensons vite et plus nos préoccupations sont importantes, plus nous avons besoin de quelque chose de proche comme la respiration pour nous aider à prendre conscience de ce qui se passe. Cette prise de conscience, en retour, nous libère souvent un peu de nos préoccupations.

Pendant la méditation, quand nous avons de la peine à rester avec notre respiration, nous pouvons facilement nous décourager. Cependant, cette difficulté est l'occasion de devenir plus conscient des forces de l'esprit et des sentiments qui causent les distractions. N'oubliez pas que si nous apprenons à être conscients de ce qui se passe, quoiqu'il arrive, la pratique marche même si nous avons l'impression d'avoir échoué lorsque nous ne sommes pas capables de rester avec la respiration : ainsi la pratique marche même quand elle semble ne pas marcher.

Même quand il est relativement facile de rester avec la respiration, y prêter attention peut encore servir de point de référence important. Dans ce cas, ce n'est peut-être pas un point de référence pour observer les puissantes forces de la distraction, mais plutôt pour observer des pensées et des sentiments plus subtils qui sont à la source de nos inquiétudes et de nos motivations. Ne poursuivez pas ces pensées et ces sentiments. Soyez simplement conscient de leur présence tout en continuant de développer la méditation sur la respiration, de façon à ce que la respiration devienne un point de référence encore plus raffiné. Lorsque nous nous arrêtons sur la respiration, le cœur devient clair, paisible et calme comme un petit lac de montagne. C'est alors que nous pouvons y voir le fond.

Par l'effort, l'ardeur,
  La discipline et le contrôle,
Le sage peut devenir
  Une île qu'aucun flot ne pourra submerger.
                    Dhammapada 25

Les tempêtes de la vie spirituelle

Espérer que la pratique bouddhiste n'amène que joie et bien-être est naïf. Il est plus réaliste d'escompter à la fois de la joie et du chagrin, du bien-être et des difficultés. Si la pratique consiste à nous impliquer dans tous les aspects de notre vie, alors il est inévitable d'avoir à pratiquer en temps de crise, de deuil ou de pénible confrontation avec nous-mêmes. Il serait certainement agréable de surmonter ces moments avec calme, grâce et sagesse. Cependant, si nous sommes durs envers nous-mêmes parce que nous ne le faisons pas, nous augmentons simplement notre souffrance et entravons le développement de notre compassion.

Il est limitatif d'évaluer notre pratique spirituelle par la présence de joie et de bien-être ; c'est négliger la gamme des autres qualités personnelles que nous devons développer. Une analogie illustre cela :

Imaginez deux personnes qui se préparent à traverser un grand lac, chacune dans un petit canot. La première part par une belle journée. La surface du lac est immobile et lisse comme un miroir ; une légère brise et un courant constant poussent le canot par l'arrière. Chaque fois que les rames plongent dans l'eau, le bateau avance comme une flèche. Ramer est facile et merveilleux. La rameuse arrive rapidement de l'autre côté du lac. Elle peut se féliciter de son habileté.

La deuxième rameuse se met en route sur le même lac lors d'une grande tempête. Le vent fort, les courants et les vagues vont dans le sens contraire du canot. A chaque coup de rame, le canot avance à peine et perd presque toute la distance gagnée quand les rames sont levées hors de l'eau pour le prochain coup. Après beaucoup d'efforts elle arrive de l'autre côté du lac. Cette rameuse pourrait être découragée par son manque de compétence.

La plupart des gens préféreraient probablement être la première rameuse. Cependant, c'est la deuxième rameuse qui est devenue plus forte grâce à ses efforts et est ainsi mieux préparée pour des défis futurs.

J'ai connu des méditants qui se sont félicités de leur compétence en méditation quand leur pratique était facile. Et j'ai connu des méditants plein de doutes et d'auto-condamnation quand leur pratique était houleuse. Pratiquer de notre mieux durant les périodes de crise et de lutte personnelle ne nous amène peut-être pas à des sommets spirituels. Cependant, cela peut nous apporter quelque chose de plus important : un renforcement des qualités intérieures qui soutiennent une vie spirituelle sur le long terme : l'attention, la persistance, le courage, la compassion, l'humilité, la renonciation, le discipline, la concentration, la foi, l'acceptation et la bonté.

Pour la pratique bouddhiste, une des capacités intérieures les plus importantes à développer est la conscience de l'intention. Notre intention est comme un muscle ; poursuivre jusqu'au bout notre intention de pratiquer – de prêter attention et d'être compatissant – durant les périodes difficiles est un moyen important de la fortifier. L'avantage étant que, même si nos efforts sont maladroits ou si nous n'accomplissons pas une tâche précise, le « muscle intentionnel » est quand même fortifié chaque fois que nous l'utilisons, particulièrement s'il est nourri par la foi et une compréhension claire. Nos motivations de fond se renforçant, nous leur faisons plus confiance et leur attachons plus de valeur ; elles deviennent ainsi une ressource et un refuge pendant les périodes difficiles.

Les méditants évaluent trop souvent leur pratique par rapport à leurs « expériences méditatives. » Bien qu'un éventail de telles expériences potentielles puisse jouer un rôle important dans la spiritualité bouddhiste, la pratique au jour le jour met plus l'accent sur le développement de nos facultés et forces intérieures. Cela inclut de cultiver la conscience et l'investigation introspective en toutes circonstances, que le temps soit clair ou orageux. La force intérieure abonde dans le sillage de l'attention et de la persévérance. Elle est souvent accompagnée par des sentiments de joie et de calme ; mais surtout, elle nous permet de rester éveillés et libres dans la joie comme dans la peine.

Quoique qu'une mère ou un père
  Ou autre parent puisse faire,
Bien supérieur est le bienfait,
  De son propre esprit bien dirigé.
                              Dhammapada 43

Une pratique qui vient du fond du cœur

Une traduction française fréquente du mot Pali « sati » est « attention ». Généralement, *sati* signifie maintenir l'attention sur quelque chose. Quand les Chinois traduisirent les termes bouddhistes indiens en caractères chinois, *sati* devint un caractère en deux parties : la moitié supérieure est composée par le caractère signifiant « moment présent » et la moitié du bas par le caractère signifiant « cœur. » Cette combinaison suggère que l'attention est connectée au cœur, ou qu'elle vient « du fond du cœur dans le moment présent. » Elle nous indique qu'il est possible de garder notre expérience dans nos cœurs et d'avoir une conscience tolérante, douce et vaste quoi qu'il arrive.

Parfois, la pratique de l'attention peut paraître un peu aride. Elle peut sembler impliquer une attitude détachée, objective ou insensible à l'égard de notre expérience du moment présent. Cependant un tel jugement découle de la confusion entre attention et crainte, froideur, évitement ou jugement. Heureusement, la pratique de l'attention est auto-correctrice : s'efforcer de noter ce qui se passe dans le présent révélera en temps utile la légère tension présente même dans une attitude indifférente. Si nous pouvons reconnaître clairement l'aridité de la pratique, elle peut être un signe qui nous aide à rétablir une présence plus douce, plus tendre. Ou bien, cela peut être une indication que nous devons accepter cette aridité avec douceur.

Beaucoup parmi nous ont un cœur empli d'anxiétés, de peurs, d'aversions, de chagrins et de toutes sortes de blindages défensifs. La conscience non-réactive et acceptante rendue possible par la pratique de l'attention aidera à défaire ces blindages. La pratique a une qualité cyclique ; elle se renforce d'elle-même. Au début, la pratique nous aidera à être un peu moins sur la défensive. En conséquence, notre ouverture d'esprit et notre cœur tendre pourront mieux se révéler. Ce processus nous encouragera à laisser tomber encore plus de notre blindage. Notre capacité accrue à ouvrir notre cœur nous aidera à augmenter peu à peu notre attention.

À mesure que nos pensées névrotiques habituelles diminuent, plusieurs couches de jugement et de résistance s'atrophient et le besoin de nous définir à travers des identités rigides se réduit. Lorsque cela arrive, la bonté naturelle du cœur brille d'elle-même.

Les impulsions qui nous amènent à être conscients, heureux, compatissants et libres viennent toutes de la bonté de notre cœur. Quand nous reconnaissons ces intentions et les laissons motiver notre pratique de l'attention, la pratique devient sincère.

Le maître de méditation thaïlandais Ajahn Chah a déclaré que tout se produit dans le cœur. Dans la pratique de l'attention, nous laissons notre cœur contenir tout ce qui survient en son sein.

L'entièreté de notre expérience vient de l'esprit,
　Est menée par l'esprit, produite par l'esprit,
Parlez ou agissez avec un esprit impur,
　Et la douleur suit comme la roue suit le sabot du bœuf.

L'entièreté de notre expérience vient de l'esprit,
　Est menée par l'esprit, produite par l'esprit
Parlez ou agissez avec un esprit pur,
　Et le bonheur suit comme une ombre qui jamais ne vous quitte.

Dhammapada 1-2

Karma

Un élément central à la pratique spirituelle bouddhiste est une appréciation profonde du moment présent et des possibilités existant dans le présent afin de se réveiller et de se libérer de la souffrance. Le présent est le seul lieu où notre créativité existe. La notion bouddhiste de karma est étroitement liée à cette créativité.

Le concept de karma n'est pas une vague idée à propos de vies passées ; ce n'est pas non plus une loi de prédétermination. Si vous croyez que votre bonheur est prédéterminé, il n'y a pas moyen pour vous d'influer sur votre bonheur et votre souffrance. Une pratique spirituelle inclut le choix. Le Bouddha a souligné que si vous avez une idée trop stricte du karma, il n'y a pas de place pour le choix.

Le Bouddha a dit : « Ce que j'appelle karma est l'intention. » Autrement dit, l'enseignement sur le karma porte sur les choix intentionnels que nous faisons dans le présent. Il convient d'apprécier en toute conscience le moment présent et de nous y détendre, comme nous le faisons pendant la méditation. Mais c'est aussi durant ce moment que nous choisissons comment nous allons avancer dans le prochain moment. Plus nous percevons le choix clairement, plus nous le faisons avec liberté et créativité.

Le moment présent est d'une part le résultat de nos choix du passé et d'autre part le résultat des choix que nous faisons maintenant. Notre expérience du prochain moment, du prochain jour, de la prochaine décennie, est influencée par les choix que nous faisons en relation avec notre situation présente. Les actes intentionnels corporels, verbaux ou mentaux ont des conséquences ; tenir compte de ces conséquences nous aide considérablement lorsque nous devons décider de nos actes.

Mais ces conséquences ne sont pas fixes ou mécaniques. Les actes intentionnels tendent vers certaines conséquences. Après tout, le champ interactif de causalité est immense. Parfois, les conséquences de nos actes intentionnels disparaissent dans le vaste océan des causes et des effets. Mais notre environnement a quand même tendance à répondre d'une certaine manière si nous agissons avec des intentions basées sur l'avidité, la haine ou l'illusion. Il a tendance à répondre très différemment si nous agissons avec des motivations fondées sur la gentillesse, la générosité et la bonté.

Si les conséquences de nos actes dans le monde extérieur peuvent être variées, leurs conséquences intérieures sont souvent bien plus univoques et présentent une réponse fiable à nos choix. Par exemple, nous pouvons ressentir les résultats de nos intentions – conséquences karmiques – dans notre corps. L'expérience réitérée de l'avidité, de la haine ou de la peur affecte nos muscles d'une certaine manière, alors que la générosité, la compassion et la bienveillance les affectent très différemment. La peur peut être ressentie comme une contraction et une tension car le corps se raidit pour se protéger. Se protéger est une intention qui passe parfois inaperçue quand elle devient chronique. Mais même si la tension n'est pas remarquée, elle peut créer un jour des difficultés physiques.

Pendant la méditation, nous cessons de répondre au monde par habitude. Nous observons plutôt le mouvement de l'esprit : nos désirs, nos sentiments, nos pensées et nos intentions. Au lieu de les suivre ou d'y réagir, nous leur prêtons soigneusement attention. Lorsque nous ne les renforçons pas, ils se calment et ne dirigent plus nos vies.

Le fait de souffrir ou d'être libre a beaucoup à voir avec la manière dont nous choisissons de répondre à ce qui nous est donné, au moment présent lui-même. Ce qui nous est donné ne nous convient peut-être pas. Néanmoins, grâce à la pratique de l'attention, nous pouvons prendre conscience de l'étendue des choix possibles. Choisir de répondre par de l'aversion, de la colère, de la peur, de l'attachement (ou de la dépendance) génère continuellement de la souffrance. Répondre avec plus d'attention, ou sans référence à nos attachements égoïstes, interrompt le cycle de la souffrance. La liberté créative n'est pas possible si l'origine du choix se trouve dans l'égoïsme.

Ainsi le monde du karma est le monde de l'intention et le monde de l'intention appartient au monde de l'instant présent et à aucun autre temps. Avec quelle intention abordez-vous cet instant ? Avec quelle intention travaillez-vous, conduisez-vous, poursuivez-vous une conversation ou rendez-vous service à autrui ? Si vous vous occupez de vos intentions avec amour et sollicitude, comme vous le feriez pour un jardin, elles fleuriront à merveille et porteront leurs fruits dans votre vie.

*Si les gens connaissaient comme je le
connais ce qui résulte du don et du partage,
ils ne mangeraient pas sans avoir donné, et
ils ne se laisseraient pas obséder par la
tache de l'avarice et ne la laisseraient pas
prendre racine dans leur esprit. Même si
c'était leur dernier morceau, leur dernière
bouchée, ils ne mangeraient pas sans avoir
partagé, s'il y avait quelqu'un pour recevoir
leur présent.*
Itivuttaka 26

La générosité

La pratique du don, ou *dana* en Pali, a une place prééminente dans les enseignements du Bouddha. Lorsque ce dernier enseignait aux gens des séries progressives de pratiques à poursuivre au fur et à mesure de leur progrès sur la voie, il commençait toujours par parler de l'importance et des bénéfices de la pratique de la générosité. A partir de ce fondement, il parlait de l'importance et des bénéfices de la pratique de l'éthique. Il discutait ensuite des pratiques permettant de calmer l'esprit, puis il décrivait les pratiques de la réalisation[6], qui, soutenues par un esprit calme et stable, mènent à l'éveil. Une fois qu'une personne était éveillée, le Bouddha la chargeait souvent de partir et d'agir pour le bien des autres, de rendre service aux gens. Le service peut être considéré comme un acte de générosité ; ainsi la voie Bouddhiste commence et se termine par cette vertu.

Dana fait référence à l'acte de donner et au don lui-même. Le Bouddha utilisait le mot *caga* pour faire référence à la vertu intérieure de générosité qui garanti que *dana* est

---

[6] *"Vipassaná"* en Pali, *"insight"* en anglais.

connecté à la Voie. Cet emploi de *caga* est particulièrement significatif car ce mot veut aussi dire « abandon » ou « renonciation.» Un acte de générosité implique de donner plus que ce qui est nécessaire, coutumier ou attendu au vu de nos ressources et de nos moyens. Cela implique certainement l'abandon de l'avarice, de l'attachement et de l'avidité. De plus, la générosité implique d'abandonner certains aspects de notre intérêt personnel et ainsi de donner un peu de nous-mêmes. Le Bouddha soulignait que les retombées spirituelles d'un cadeau ne dépendent pas de son prix mais plutôt de l'attitude avec laquelle il est donné. Un petit don qui met à l'épreuve une personne de peu de moyens a des conséquences spirituelles plus importantes qu'un don d'un montant élevé, mais insignifiant pour une personne riche.

Le Bouddha considérait qu'acquérir richesse et sécurité financière par des moyens moralement justes était une source de bonheur appropriée pour les laïcs. Cependant, il ne considérait pas la richesse comme étant une fin en soi. La valeur de celle-ci repose dans son utilisation. Le Bouddha comparait une personne qui profite de sa richesse sans la partager avec d'autres à quelqu'un qui creuse sa propre tombe. Il comparait aussi une personne qui gagne sa fortune de manière vertueuse et la donne aux nécessiteux à quelqu'un qui a deux yeux, l'avare étant pareil à un borgne.

Le Bouddha regardait le don comme étant une source importante de mérite dont les bienfaits se font sentir à long terme aussi bien dans cette vie que dans celles qui sont à venir. Bien que beaucoup de pratiquants occidentaux attribuent peu d'importance aux enseignements sur le mérite, ceux-ci suggèrent des chemins invisibles empruntés par les conséquences de nos actions pour nous venir en retour.

L'un des fruits récolté par le donateur en raison de sa générosité est le « karma instantané », l'idée bouddhiste que nos actions ont des conséquences directes sur notre état d'esprit et notre cœur, au moment même où nous les faisons. Les conséquences d'un don sont vraiment merveilleuses dans le moment présent ; si nous sommes présents pour elles, nous pouvons recevoir ces merveilleuses conséquences pendant l'acte même.

Le Bouddha mettait l'accent sur la joie de donner. *Dana* n'est pas censé être obligatoire ou donné à contrecœur. En fait, *dana* devrait être pratiqué seulement si le donateur est « ravi avant, pendant et après le don. »

A son niveau le plus élémentaire, *dana* signifie dans la tradition bouddhiste donner librement sans rien attendre en retour. L'acte de donner est inspiré uniquement par la compassion ou le fait de souhaiter et désirer le bien-être de quelqu'un d'autre. Peut-être que *dana* est plus lié à notre attitude qu'à ce que nous faisons. Grâce à nos actes généreux, nous cultivons un esprit généreux. La générosité d'esprit mènera en général à des actions généreuses. Mais le fait d'être une personne généreuse a plus importance que n'importe quel don particulier ; après tout il est possible de donner sans que cela soit un acte de générosité.

Bien que donner afin d'aider les autres constitue une part importante de la raison et de la joie de donner, le Bouddha considérait que le plus important était de donner dans le but d'atteindre Nibbana. Ainsi, « on offre des cadeaux pour orner et embellir l'esprit. » Parmi ces ornements, on trouve le non-attachement, la bonté et le souci du bien-être des autres.

Certaines personnes offrent du peu qu'elles ont,
D'autres qui vivent dans l'aisance n'aiment pas donner,
Une offrande donnée du peu qu'on a,
Vaut mille fois sa valeur.
                    Samyutta Nikaya 1.32

La pratique de la générosité

Il y deux manières de comprendre la générosité. L'une est l'expression spontanée et naturelle d'un esprit et d'un cœur ouverts. Lorsque que nous sommes connectés sans réserve aux autres et au monde, il ne s'agit pas de décider de donner ; donner est un acte qui émane simplement de nous. Ce type de générosité est, par exemple, la générosité d'une mère envers ses enfants. L'autre manière de comprendre la générosité est de la voir comme une pratique en soi, que nous pouvons entreprendre même si elle ne nous est pas naturelle.

Comme pratique, la générosité n'est pas exercée simplement parce que nous pensons que c'est une chose vertueuse à faire. Cette pratique a deux fonctions importantes. Premièrement, elle nous aide à nous connecter aux autres et à nous-mêmes. Donner crée une relation entre le donneur et celui qui reçoit. Ainsi, les actes de générosité nous aident à en apprendre plus sur la nature de nos relations. Elle développe aussi ces relations. Pratiquer la générosité conjointement à la méditation nous aide à faire en sorte que notre pratique spirituelle ne se développe pas à l'écart des autres.

Deuxièmement, grâce à la pratique de la générosité nous commençons à comprendre quand nous nous renfermons, quand nous nous retenons, quand nous ressentons notre peur. Nous prenons conscience de ce qui nous empêche d'être généreux. Nous nous engageons dans cette pratique pour voir quand nous lui résistons.

Il y a un nombre incalculable d'exercices qui peuvent aider à développer la générosité en tant que pratique délibérée. Par exemple, donnez-vous une semaine pour donner un billet de vingt euros à quelqu'un que vous ne connaissez pas. Observez ce qui se passe pendant cette semaine. Qu'est-ce que cela évoque pour vous, comment réagissez-vous, qu'apprenez-vous sur vous-même dans cette situation ? Jack Kornfield enseigne une pratique qui consiste à suivre toutes nos impulsions à donner, quelles qu'elles soient, durant vingt-quatre heures. Si cela semble trop difficile, vous pouvez vous limiter à donner des petites choses. Une autre pratique est de donner un euro à chaque sans-abri que vous rencontrez durant une certaine période.

La générosité n'est pas limitée au don de choses matérielles. Nous pouvons offrir notre gentillesse et notre réceptivité. Ces formes de générosité ne sont manifestement pas liées à la richesse. La générosité peut simplement signifier faire le don d'un sourire ou faire l'effort de vraiment écouter un ami. Paradoxalement, accepter de recevoir la générosité des autres peut aussi être une forme de générosité.

Nous pouvons aussi faire le cadeau de notre absence de crainte, une qualité qui se développe à mesure que notre pratique mûrit. Tandis que nous nous ancrons de plus en plus dans l'éthique, la sagesse et l'absence de crainte, les autres êtres ont de moins en moins de raisons d'avoir peur de nous. Dans un monde plein de peur, une telle absence de crainte est un don bien utile. Une personne éveillée est quelquefois décrite comme quelqu'un qui aide à dissiper la peur des autres gens.

Les enseignements bouddhistes soulignent que la manière de donner est aussi importante que ce que nous donnons – nous devrions donner avec respect, bonheur et joie. Lorsque nous pratiquons la générosité et qu'elle ne nous apporte pas du bonheur et de la joie, nous devrions prêter particulièrement attention aux motivations qui nous poussent à donner et peut-être même réévaluer si nous devrions vraiment le faire ou non.

La liberté du Bouddha est d'être libéré de toutes les formes d'attachement et l'antidote le plus évident est de lâcher prise. Comme l'acte de donner implique de lâcher prise, cette action développe notre capacité à renoncer à nos attachements. Cependant, la pratique du don signifie beaucoup plus que le lâcher prise. Elle développe aussi les qualités de cœur comme la générosité, la bonté, la compassion et la chaleur humaine. Ainsi, donner nous mène au cœur de la pratique bouddhiste, tout en aidant notre pratique à être complète, équilibrée et sincère.

Comme un marchand qui transporte d'importantes marchandises
  Avec une petite escorte évite une route périlleuse,
  Comme celui qui aime vivre évite le poison,
   Ainsi doit-on éviter les choses mauvaises.
                    Dhammapada 123

Vertu : les cinq préceptes

La pratique spirituelle Bouddhiste est divisée en trois catégories connues en Pali sous les noms de *sila, samadhi* et *pañña*, qui peuvent être traduits en français par, respectivement, la vertu, la méditation et la sagesse. Elles jouent le rôle des trois pieds d'un trépied ; il est essentiel de cultiver les trois. La sagesse et la méditation ne se développeront pas sans la vertu. Développer la vertu et comprendre la pleine profondeur de son potentiel demande de la sagesse et la pratique de la méditation.

On ne peut pas traduire *sila* de manière adéquate par un seul mot. Parfois on dit que l'origine étymologique de *sila* est le mot utilisé pour « lit ». Nous pouvons assurément voir la vertu comme la base et le fondement sur lesquels le reste de notre pratique spirituelle se construit. Tôt ou tard, celui qui commence à développer une certaine sensibilité par la pratique de l'attention découvrira que sans le fondement de la vertu, développer cette sensibilité en profondeur est difficile.

Sila est généralement traduit par « vertu » ou « éthique », mais nous devons prendre garde de ne pas confondre ce mot avec les idées occidentales de vertu et d'éthique. Les commandements et les valeurs, souvent transmis par un dieu, forment le fondement traditionnel de l'éthique occidentale. Ces valeurs comprennent des idées à propos de ce qui est juste ou faux, bon ou méchant, et des règles absolues que nous devons suivre. Cette approche de l'éthique conduit facilement à la culpabilité, une émotion qui est omniprésente en Occident, mais qui est considérée comme inutile et contre-productive dans le Bouddhisme.

Le Bouddhisme comprend la vertu et l'éthique de manière pragmatique et se base non pas sur des idées du bien et du mal, mais plutôt sur l'observation que certaines actions mènent à la souffrance et que d'autres mènent au bonheur et à la liberté. Un Bouddhiste demande : « Est-ce que cette action mène à plus de souffrance ou à plus de bonheur, pour moi et pour les autres ? » Cette approche pragmatique est plus favorable au développement de l'investigation introspective qu'à celui de la culpabilité.

Pour nous aider à suivre un comportement vertueux et éthique, le Bouddha a formulé des préceptes à suivre. Pour les laïcs, il y a cinq lignes de conduite de base.
1. S'abstenir de tuer.
2. S'abstenir de voler.
3. S'abstenir d'un comportement sexuel répréhensible.
4. S'abstenir de mentir.
5. S'abstenir de consommer des substances telles que drogue ou alcool.

Le Bouddha faisait référence à ces préceptes de diverses manières, nous donnant des perspectives différentes pour les comprendre. Parfois il les appelait les « cinq règles d'entraînement » (*pancasikkha*), parfois les « cinq vertus » (*pancasila*), et parfois simplement les « cinq choses » ou les « cinq vérités » (*pancadhamma*). L'expression les « cinq choses » peut paraître bizarre, mais elle peut nous aider à nous libérer des idées arrêtées sur ce que sont ces « choses » et comment elles fonctionnent.

Il y a trois manières de comprendre ces « cinq choses. » La première est de les comprendre comme des règles de conduite. Elles ne sont pas considérées comme des commandements ; le Bouddha les a plutôt appelées des « règles d'entraînement. » Nous acceptons volontairement de suivre les préceptes d'entraînement comme une discipline qui supporte notre entraînement spirituel. Les suivre promeut le développement de la méditation, de la sagesse et de la compassion.

En tant que règles d'entraînement, les préceptes doivent être compris comme règles de modération. Elles sont rédigées ainsi : « Dans l'intérêt de mon entraînement, je fais vœu de ne pas tuer, de ne pas voler, » et ainsi de suite. Nous acceptons de maîtriser certaines impulsions. Au lieu de suivre notre penchant à tuer un moustique ou à voler des crayons au travail, nous nous retenons et essayons de prêter attention au malaise auquel nous réagissons de manière impulsive. Plutôt que de nous concentrer sur l'aspect éventuellement mauvais ou immoral de nos actions, nous utilisons cette retenue comme miroir pour nous étudier, pour comprendre nos réactions et nos motivations, et pour réfléchir aux conséquences de nos actions.

Suivre les règles d'entraînement nous offre une forme puissante de protection. Essentiellement, les préceptes nous protègent de nous-mêmes et de la souffrance que nous causons aux autres et à nous-mêmes quand nous agissons avec maladresse.

La deuxième manière dont le Bouddha parlait des préceptes consistait à les présenter comme des principes de vertu. Les principes fondamentaux sur lesquels reposent les cinq préceptes sont la compassion, s'abstenir de nuire et la générosité. Nous suivons les préceptes par compassion, par compréhension de la souffrance des autres et de la possibilité qu'ils puissent être libérés de la souffrance. Nous vivons aussi en accord avec les préceptes par compassion pour nous-mêmes. Nous voulons faire attention à nos actes intentionnels, à comment nous agissons, à comment nous parlons et même aux sortes de pensées que nous suivons.

Nous pratiquons les préceptes en même temps que nous nous abstenons de faire du mal afin qu'ils ne deviennent pas un idéal rigide à suivre. Pour prévenir tout risque de faire du mal en utilisant les préceptes de façon bornée ou sans cœur, nous pouvons nous demander : « est-ce que cette action fait du mal à moi-même ou aux autres ? » Notre compréhension de ce qui fait du mal apporte un aspect humain aux préceptes.

Vivre en accord avec les préceptes est en soi un acte de générosité ; nous nous offrons ainsi qu'aux autres un merveilleux cadeau : la protection. En effet, une raison pragmatique de suivre les préceptes comme règles de modération est d'apporter de la joie dans nos vies. Beaucoup de gens méditent parce qu'ils ont le sentiment de manquer de joie et de bonheur. Selon le Bouddha, une des meilleures manières de cultiver et d'apprécier la joie est de vivre une vie vertueuse.

La troisième manière dont le Bouddha parlait des préceptes consistait à les décrire comme les qualités de caractère d'une personne. Le Bouddha présentait une personne spirituellement mûre comme quelqu'un doté des cinq vertus. Le Bouddha disait qu'une fois un certain niveau d'éveil atteint, il n'est simplement plus possible d'agir à l'encontre des préceptes. Suivre les préceptes est un sous-produit direct de la découverte de la liberté.

En résumé, ces cinq choses peuvent être comprises comme des règles d'entraînement, comme des principes pour guider nos actions, et comme une description des actions d'une personne éveillée. Le monde a besoin de plus de gens qui ont l'intention, la sensibilité et la pureté de cœur correspondant aux cinq préceptes.

Puissent les préceptes être une source de joie pour tous.

Vivrait-on cent ans, sans pleine conscience et sans contrôle,
Il vaut mieux, vraiment, un seul jour vécu en pleine conscience
et absorbé dans la méditation.
Dhammapada 111

Brèves instructions pour la méditation assise

Prenez une position alerte et confortable, soit au sol, soit sur une chaise. Fermez doucement les yeux et prenez conscience de votre corps. Il est souvent utile de commencer une période de méditation en respirant profondément deux ou trois fois pour établir un lien clair entre le corps et la respiration, et pour éliminer quelques-unes des préoccupations superficielles de l'esprit. Ensuite, dirigez votre attention de façon à noter simplement mais consciemment vos inspirations et vos expirations sans essayer de contrôler ou de manipuler votre respiration.

Tandis que vous vous familiarisez avec votre respiration, portez votre attention sur la région de votre corps où la respiration est la plus perceptible ou la plus facile à suivre. Cela peut être la montée et la descente de l'abdomen, le mouvement de la poitrine ou la sensation de l'air passant par les narines. Pour aider à maintenir le lien entre les sensations physiques de la respiration et l'attention, certaines personnes trouvent utile de noter doucement et silencieusement les inspirations et les expirations comme « montée » et « descente » ou « inspirer » et « expirer. »

Comme le fait de prêter attention à notre respiration développe notre capacité à être stables et conscients dans le présent, nous donnons une certaine priorité au maintien d'une concentration attentive sur la respiration pendant la méditation assise. Chaque fois que vous vous perdez dans le bavardage superficiel de l'esprit, redirigez votre attention, doucement et sans jugement, sur la respiration.

Cependant, quand une autre sensation ou expérience devient si forte qu'il vous est difficile de rester attentif à la respiration, délaissez-la et permettez à cette sensation plus forte d'être au centre de votre attention. Il peut être utile de faire la différence entre la conscience de premier plan et celle du second plan. Tout d'abord, placez votre respiration au premier plan de votre attention, et laissez toutes les autres sensations et expériences au second plan. Tant que vous pouvez maintenir la respiration au premier plan sans effort excessif, laissez les expériences de second plan à elles-mêmes. Lorsqu'une expérience physique, émotionnelle ou mentale supplante la respiration au premier plan, prenez-la comme nouvel objet de votre attention.

Pour vous aider à maintenir l'attention sur une expérience qui passe au premier plan, il peut vous être utile de la nommer doucement et délicatement avec une étiquette mentale. Les sons peuvent être étiquetés comme « entendre, entendre », les sensations de brûlures comme « brûlant, brûlant », la joie comme « joie, joie », etc. Ce qui est important est de sentir et de rester présent aussi complètement que possible pour toute expérience notée. Maintenez une conscience ouverte de cette expérience aussi longtemps qu'elle reste au premier plan de votre attention, remarquant comment elle change, si tel est le cas. Quand une expérience n'est plus prédominante, ou qu'elle a été suffisamment reconnue pour ne plus demander votre attention, reporter celle-ci sur votre respiration.

Une manière différente de décrire la pratique de l'attention est de dire que vous maintenez votre attention consciemment et clairement sur la respiration jusqu'à ce que quelque chose vous en détourne. Quand cela arrive, la soi-disant « distraction » devient l'objet de la méditation. En fait, la pratique de l'attention ne connaît pas de distractions, seulement quelque chose de nouveau à quoi il faut prêter attention. Rien n'est en dehors du domaine de la pratique de l'attention. Toute l'étendue de notre humanité est autorisée à se déployer à la lumière de notre attention. Les sensations physiques, les sentiments, les émotions, les pensées, les états mentaux, les états d'humeur et les intentions en font tous partie.

Tout au long de votre méditation, gardez une attention douce et relâchée, tout en étant alerte et précis. Si vous pouvez faire la distinction entre, d'un côté, les idées, les concepts, les images et les histoires associées à une certaine expérience, et, de l'autre, la sensation physique, immédiate et directe de cette expérience, maintenez votre attention sur l'expérience directe. Remarquez les sensations physiques et mentales qui surviennent de manière tangible dans le présent. Remarquez ce qui leur arrive quand vous êtes conscient d'elles. Deviennent-elles plus fortes, plus faibles, ou restent-elles les mêmes ?

Remarquez aussi votre relation avec votre expérience. Remarquez-vous de l'aversion, du désir, de la reconnaissance, du jugement, de la condamnation, de la peur, de la cupidité, de la fierté ou toute autre réaction ? Prendre conscience de la différence entre, par exemple, une sensation physique douloureuse et votre réaction à son égard peut vous aider à trouver un équilibre au milieu de l'inconfort. Il est aussi important d'être attentif lorsque votre réaction à une expérience est plus prononcée que l'expérience elle-même. Quand c'est le cas, votre réaction peut devenir l'objet de votre attention. Ne vous laissez pas entraîner par vos pensées ou vos histoires, mais soyez simplement et silencieusement conscient de ce qui est vraiment en train de se passer dans votre corps et votre esprit.

Quand nous apprenons à être présents de manière alerte et calme dans notre méditation, une intimité plus profonde avec nous-mêmes et avec le monde se développe. En cultivant notre capacité à rester attentif sans interférer avec notre expérience directe, sans la juger, l'éviter ou sans nous y accrocher, nous ouvrons la possibilité à des sources de réalisation et de sagesse d'affleurer.

Lorsque l'attention à la respiration est développée et cultivée, cela amène de bons résultats et de grands bienfaits. Quand l'attention à la respiration est développée et cultivée, cela satisfait les quatre fondements de l'attention. Quand les quatre fondements de l'attention sont développés et cultivés, ils satisfont les sept facteurs de l'éveil. Quand les sept facteurs de l'éveil sont développés et cultivés, ils satisfont le savoir véritable et la délivrance.
Majjhima Nikaya 118.15

L'attention à la respiration

La méditation de l'attention commence en général avec l'attention à la respiration. En fait, la respiration est le fondement de beaucoup de formes de méditation bouddhiste. Mon instructeur Zen au Japon disait que la seule attention à la respiration pouvait permettre à quelqu'un d'atteindre l'éveil complet.

Le répertoire des pratiques religieuses du monde entier contient de très nombreuses méditations utiles sur la respiration. Beaucoup impliquent des méthodes de respiration consciente : respirer longuement et profondément ; accentuer l'expiration par rapport à l'inspiration ; respirer rapidement ou lentement ; par la bouche ou le nez ; marquer une pause entre les respirations ; diriger la respiration vers diverses parties du corps. Dans la pratique de l'attention, nous n'essayons pas de changer la respiration. Nous prêtons simplement attention à la respiration telle qu'elle est, apprenant à la connaître telle qu'elle est, indépendamment de sa manière d'être : superficielle ou profonde, longue ou courte, lente ou rapide, régulière ou agitée, grossière ou raffinée, oppressée ou aisée. Pour la pratique de l'attention, il n'y a pas de respiration idéale. Si nous imposons un modèle rigide à notre respiration, nous pourrions ne pas voir comment nos propres habitudes physiques, émotionnelles et spirituelles s'expriment à travers notre respiration.

Comme l'esprit a tendance à être éparpillé et facilement distrait par des rêveries et des pensées, nous utilisons la respiration pour nous aider à nous ancrer dans le présent. En revenant de manière réitérée nous reposer dans la respiration, nous allons à l'encontre des puissantes forces de la distraction. Cela apprend à l'esprit, au cœur et au corps à se fixer et à s'unifier sur une chose, en un endroit et en un moment. Si vous êtes assis en train de méditer et que votre esprit est occupé par ce que vous avez fait au travail aujourd'hui, votre esprit et votre corps ne sont pas à la même place au même moment. Lorsque nous sommes fragmentés de cette manière, nous perdons facilement contact avec le sens de notre complétude.

L'attention à la respiration peut être un allié puissant dans notre vie. Si nous prêtons régulièrement attention à nos inspirations et à nos expirations, la respiration peut devenir la constante qui nous permet de traverser les hauts et les bas de notre vie quotidienne avec plus d'égalité d'humeur. En demeurant avec les cycles de la respiration, et même peut-être en les appréciant, il est moins probable que nous soyons pris dans les événements émotionnels et mentaux qui nous traversent. Retourner sans cesse à notre respiration peut être un entraînement très efficace pour perdre l'habitude de nous identifier à ces événements et d'accumuler le stress dans certaines parties de notre corps, habitude qui gèle l'esprit et le cœur.

Comme notre respiration n'est pas indépendante de notre vie mentale et émotionnelle, nos émotions, nos attitudes et nos soucis sont souvent exprimés par la manière dont nous respirons. Notre respiration change en fonction de nos émotions. Avec la peur et la tristesse, la respiration peut être oppressée. Avec la colère, elle peut être forte et précipitée. Avec la paix et le calme, elle peut être facile et relâchée. L'origine étymologique du mot « anxieux » vient du mot « étrangler »[7] et étrangler ou retenir notre respiration est un des

---

[7] La racine indo-européenne "ang-" traduit l'idée de serrage et d'étranglement. Cette racine a fourni au latin le verbe "angere", serrer la gorge, oppresser. De ce verbe fut dérivé un adjectif "anxius" (ang-sius), qui serre la gorge ou qui a la gorge serrée, d'où dérivèrent à leur tour l'adjectif "anxiosus", qui a souvent

moyens que nous utilisons pour contrôler ou restreindre notre excitation. Rappelez-vous qu'avec la pratique de l'attention, nous remarquons simplement ce qui se passe, sans jugements additionnels sur la manière dont notre respiration et notre vie intérieure devraient être, ou sur la manière dont nous-mêmes devrions être.

Cependant, l'attention, comme tout état mental, peut influencer la respiration à sa manière, souvent en la ralentissant et en la calmant, mais parfois en la délivrant de notre emprise. Se rappeler d'être conscient de notre respiration peut faciliter des situations difficiles. Cela est dû au fait que la puissance de l'attention est utile dans n'importe quelle situation, et aussi au fait que l'attention dirigée vers la respiration peut éviter que notre respiration devienne rigide, et par là-même, nous aussi.

---

la gorge serrée (par l'inquiétude) et le nom "anxietas", état de celui qui a la gorge serrée par l'inquiétude. Ces deux mots nous ont respectivement fourni "anxieux" et "anxiété". Les étymologies surprises, Belin, 1988

L'attention au corps, si elle est développée et cultivée, est extrêmement fructueuse et bénéfique.
Majjhima Nikaya 119.2

Le corps au centre : l'attention au corps dans la pratique – les instructions du Bouddha

J'ai commencé ma pratique bouddhiste sans aucune intention de découvrir mon corps. J'ignorais absolument que le corps pouvait avoir de l'importance sur ce chemin, si ce n'est comme objet à placer sur le coussin de méditation. Même durant les premiers mois et les premières années de ma pratique, quand mon corps révélait douloureusement des zones de contraction, de tensions et des barrières psychologiques, j'étais convaincu que ces difficultés physiques étaient des obstacles à ignorer ou transcender plutôt que la substance même de la pratique et une part intégrale de son déroulement. Lentement, au fil des ans, tandis que mon corps commençait à s'animer, j'étais, et je suis encore, à chaque fois surpris par la quantité de conscience, d'amour et de compassion qui peuvent être trouvés dans et par le corps. J'ai appris que l'attention au corps est le fondement de la pratique de l'attention et un de nos meilleurs amis pour intégrer cette pratique dans la vie quotidienne.

Le Bouddha lui-même a dit « Il y a une chose qui, quand elle est cultivée et régulièrement pratiquée, mène à une intention spirituelle profonde, à la paix, à l'attention et à une compréhension claire, à la vision et à la connaissance, à une vie heureuse ici et maintenant et à la culmination de la sagesse et de l'éveil. Et qu'elle est cette chose unique ? L'attention centrée sur le corps. » Ailleurs, le Bouddha a dit : « Si le corps n'est pas cultivé, l'esprit ne peut pas être cultivé. Si le corps est cultivé alors l'esprit peut être cultivé. »

Vous pouvez trouver rayons après rayons de livres occidentaux sur le Bouddhisme qui ne font presque aucune mention du corps, donnant ou renforçant ainsi l'impression que le Bouddhisme est une religion intellectuelle ou orientée vers le mental. A l'inverse de cette impression, je conçois la pratique bouddhiste, surtout la pratique de l'attention, comme une invitation à ressentir notre corps et à incarner notre expérience. Ou, comme le texte sacré sur les quatre fondements de l'attention l'exprime : « ressentir la respiration **dans** la respiration et le corps **dans** le corps. » Se distanciant de la métaphysique et des spéculations, le Bouddha s'intéressait à comprendre comment nous ressentons et percevons directement à travers nos sens psychophysiques. Il enseignait que pour atteindre l'éveil et la liberté spirituelle, tout ce dont nous avons besoin pour comprendre le monde se trouve dans notre corps. Sans rejeter la notion d'un monde objectif, le Bouddha insistait tellement sur le rôle des sens et de la perception qu'il répéta maintes fois que « dans ce corps long de quatre coudées, avec ses perceptions et son sens intérieur, réside le monde, la cause du monde, la cessation du monde et le chemin qui mène à la cessation du monde. »

Au début de ma pratique Vipassana en Thaïlande, Achaan Buddhadasa fit la remarque suivante à l'ouverture d'une retraite de dix jours : « Ne faites rien qui vous fasse sortir de votre corps. » Je considérai cette instruction, déconcertante pour moi, durant les dix jours de la retraite et je commençai à réaliser combien de fois mon centre d'attention et de gravité étaient projetés au-devant de moi parce que je me penchais très fréquemment en avant pour me saisir de quelque chose qui m'était extérieure ou pour m'y identifier. L'attente du déjeuner ou de la fin d'une séance de méditation, le rabâchage de souvenirs, la planification d'événements futurs et le désir ou l'aversion pour certaines émotions ou certains états d'esprit, tout contribuait à m'indiquer que je n'étais pas physiquement centré sur moi-même. Souvent j'avais l'impression d'être « en avant de moi-même » soit parce que je me penchais réellement en avant, soit, et cela de manière plus usuelle et subtile, parce que je sentais que mon « centre de gravité » était projeté vers l'avant. Au cours de cette retraite de dix jours, je commençai à apprendre à me réinstaller dans mon propre centre de gravité et à aligner mon corps dans une position verticale équilibrée. Plus je me sentais stable dans mon corps, plus je devenais sensible aux mouvements toujours plus subtils qui m'éloignaient de mon centre et qui étaient causés par des attachements et des aversions de l'esprit toujours plus subtils. J'appris progressivement que l'attention au corps était un des meilleurs moyens d'avoir une vue honnête de ma vie intérieure.

A la différence de la culture occidentale qui a tendance à postuler une dualité radicale entre le corps et l'esprit, le Bouddha voyait l'esprit et le corps humain comme étant intimement liés. Quand nous réprimons ou refoulons certains aspects de notre vie émotionnelle et cognitive nous avons tendance à nous couper de notre corps. L'exploration et le réveil internes du corps par l'attention et à la conscience peuvent conduire à une redécouverte d'émotions refoulées et à une plus grande aptitude à les ressentir. Nous devenons ainsi des êtres doués de sensations.

L'attention au corps peut beaucoup faciliter notre capacité à être présent pour des émotions douloureuses ou accablantes en nous aidant à reconnaître que le corps est le réceptacle de ces émotions. La psychologie bouddhiste enseigne que les émotions sont pratiquement toujours incarnées et peuvent de ce fait être ressenties dans le corps. Parfois la peur implique une contraction de l'estomac, la colère un visage rougi, la joie un chatouillement ou de la chaleur dans la poitrine, et l'agitation une énergie qui parcourt les bras. Quand nous nous concentrons sur les sensations corporelles produites par des émotions pénibles, nous restons plus facilement présents pour elles et nous permettons ainsi à notre attention de révéler leur nature plus profonde.

La culture occidentale a consacré des ressources considérables à renforcer notre prédilection à traiter le corps comme un objet manipulable. L'expression « conscience du corps » fait maintenant référence à l'image externe que non seulement nous projetons, mais que nous créons aussi grâce aux produits cosmétiques, aux salons de coiffure, à l'industrie de la mode et de la publicité et au club de gymnastique local. En revanche, avec la pratique de l'attention, la forme d'attention au corps que nous développons exige une conscience subjective du corps qui vient de l'intérieur. Ce monde intérieur subjectif est la source de notre vitalité. L'objectification du corps peut nous couper de ce sentiment de vitalité.

En prenant conscience de la façon dont nous ressentons notre corps de l'intérieur, nous commençons à comprendre que le corps est conscience et processus et pas seulement une « chose. » La tradition bouddhiste fait la distinction entre un certain nombre de « corps » : le corps énergétique, le corps de félicité, le corps de transformation, le corps de diamant, le corps karmique et le corps conscient. Un méditant peut faire l'expérience de tous ces différents corps, souvent sous la forme d'un flot d'énergie ou d'un champ d'attention.

En développant l'attention au corps, les étudiants de méditation Vipassana s'opposent non seulement aux forces culturelles qui renforcent l'image d'un corps solide et objectif mais aussi à leurs propres tendances psychologiques à faire de même. Les habitudes psychophysiques comme le serrement de l'estomac, la contraction des épaules ou de la mâchoire auxquelles nous recourons inconsciemment pour nous protéger de tout ce qui est effrayant ou douloureux, favorisent la création d'un sentiment de solidité qui est faux et illusoire. A mesure que la pratique de l'attention se développe, nous apprenons à faire confiance à notre expérience intérieure, à notre conscience et à notre capacité à être présents même pour des états d'existence pénibles.

Pourtant, la pratique de l'attention ne conduit pas à rejeter toutes les images corporelles et de soi. Nous apprenons plutôt à être flexibles et à aller et venir librement entre des images corporelles appropriées et l'expérience directe sans images. Parfois, une forte image de soi est cruciale ; parfois, c'est une restriction. Et quelle que soit la valeur d'états ouverts et sans ego, nous devons nous rappeler que s'accrocher à de tels états peut causer beaucoup de souffrance. La pratique de l'attention est moins la réalisation d'états particuliers que la réalisation de la liberté et de la flexibilité dans chaque état.

Tandis que la méditation ouvre les limites de l'ego, exigées ou non par la société, l'attention au corps aide à créer un centre sain dans cette ouverture. Maintenir une ouverture au monde présente moins de risques si nous restons attentifs à ce qui se passe dans le corps. Le corps peut fournir, plus facilement que n'importe quel autre moyen, une quantité énorme d'informations sur la manière dont nous sommes touchés par une situation donnée et comment nous y réagissons. Sans cette information, le danger existe que nous ne puissions percevoir certains aspects de nous-mêmes parce que nous sommes dans des états de contraction ou d'exaltation. Un autre danger est de perdre notre capacité à être présent à cause de l'influence exercée sur nous par les gens qui nous entourent, par les événements extérieurs ou par le monde intérieur créé par nos pensées et nos sentiments.

La tradition bouddhiste Theravada comprend plusieurs styles de pratique de l'attention. Certains se concentrent presque exclusivement sur l'attention au corps. D'autres incluent, à des degrés divers, les autres aspects de notre humanité : les sentiments, les émotions, les pensées, les états et expériences mentales. Cependant, même parmi ces autres styles de méditation, l'attention au corps reste la base la plus fondamentale de la pratique de l'attention. Dans le texte sacré des « Quatre fondements de l'attention, » sous la rubrique du corps, le Bouddha incluait l'attention à la respiration, aux sensations corporelles de toutes sortes, à la posture physique, aux activités corporelles et à l'exploration systématique du corps. Je crois que nous comprenons mieux les trois autres fondements de l'attention une fois que nous avons commencé à stabiliser ou à éveiller notre conscience du corps.

Divers courants de la tradition bouddhiste Mahayana ont mis l'accent sur l'importance du corps d'une manière similaire. Plusieurs textes sacrés Mahayana insistent avec enthousiasme sur le fait que « le corps en lui-même est bodhi (éveil). » Un chant tantrique dit : « Ici, dans ce corps, sont les rivières sacrées : ici sont le soleil et la lune, ainsi que tous les endroits de pèlerinage. Je n'ai pas trouvé un autre temple qui soit aussi divin que mon propre corps. » La tradition japonaise Zen a aussi souligné l'importance de la participation consciente du corps dans la pratique de la méditation. Le maître Zen Dogen, qui enseignait que la pratique Zen implique l'unification du corps et de l'esprit, écrivait que « l'attention au corps est la conscience du corps. »

En définitive, la position centrale que le corps occupe dans la tradition bouddhique ne signifie pas que nous devons diriger notre attention délibérément sur le corps comme si la conscience et le corps étaient deux choses séparées. Plus exactement, l'enseignement de l'attention au corps est une invitation à se rendre compte de la conscience qui est déjà présente dans le corps. La pratique ne consiste pas à créer ou à diriger quelque chose. Le début et la fin de la pratique est l'éveil de ce qui est déjà là, dans notre corps, notre cœur et notre esprit.

Il n'y a pas de feu tel que celui du désir,
Pas d'avidité telle que celle de la haine,
Pas de piège tel que celui de l'illusion,
Pas de rivière telle que celle de la soif inextinguible.
   Dhammapada 251

L'attention aux émotions

Porter attention à nos émotions nous aide à éprouver des émotions simples ou élémentaires. Aucune émotion n'est inadéquate lors de la pratique de l'attention. Nous essayons de les laisser exister telles qu'elles se présentent, sans réactivité, sans les complications supplémentaires causées par le jugement, l'évaluation, les préférences, l'aversion, les désirs, l'attachement ou la résistance.

Le Bouddha demanda une fois à un étudiant : « Si une personne est transpercée par une flèche, est-ce douloureux ? » L'étudiant répondit : « Oui, ça l'est. » Le Bouddha demanda alors : « Si cette personne est transpercée par une deuxième flèche, est-ce encore plus douloureux ? » L'étudiant répondit de nouveau : « Oui, ça l'est. » Le Bouddha expliqua alors : « Dans la vie, nous ne pouvons pas toujours contrôler la première flèche. Cependant, la deuxième flèche est notre réaction à la première. Cette deuxième flèche est facultative. »

Tant que nous sommes vivants, nous devons nous attendre à des expériences douloureuses : la première flèche. Condamner, juger, critiquer, haïr ou nier la première flèche équivaut à être touché par une deuxième flèche. Souvent nous ne pouvons pas contrôler la première flèche, mais nous pouvons contrôler notre réaction.

Souvent la souffrance importante associée à une émotion n'est pas due à l'émotion elle-même, mais au rapport que nous établissons avec elle. Avons-nous le sentiment qu'elle est inacceptable ? Justifiée ? Est-ce que nous la haïssons ? Sommes-nous fiers d'elle ? En avons-nous honte ? Est-ce que nous nous sommes tendus à cause d'elle ? Avons-nous peur des sentiments que nous éprouvons ?

L'attention en elle-même ne condamne pas nos réactions. Elle est plutôt honnêtement consciente de ce qui nous arrive et de la manière dont nous réagissons. Plus nous devenons familiers avec notre réactivité et plus vite nous la reconnaissons, plus il nous est facile de ressentir, par exemple, un simple chagrin ou une joie élémentaire sans ajouter à ces émotions de la culpabilité, de la colère, des remords, de la gêne, des jugements ou d'autres réactions. La liberté dans le Bouddhisme n'est pas d'être délivré de nos émotions ; c'est d'être délivré de notre habitude de les compliquer.

L'attention aux émotions comporte quatre phases : la reconnaissance, l'étiquetage, l'acceptation et l'investigation. Vous n'avez pas besoin d'appliquer ces quatre phases chaque fois qu'une émotion se présente. Vous pouvez expérimenter pour découvrir comment chacune de ces phases encourage une attention non-réactive aux émotions.

Reconnaissance : Un principe de base de l'attention est que nous ne pouvons pas faire l'expérience de notre liberté et de notre vastitude à moins de reconnaître ce qui est en train de se passer. Reconnaître certaines émotions au moment où elles surviennent peut parfois être difficile. On nous a enseigné que certaines émotions sont inappropriées, ou nous avons peur d'elles, ou nous ne les aimons simplement pas. Par exemple, quand j'ai commencé à pratiquer, je me mettais en colère quand ma pratique, pendant une retraite, n'allait pas dans la direction que j'espérais. Mais comme l'image que j'avais de moi-même n'était pas celle d'une personne colérique, je n'admettais pas cette colère. Ce n'est que lorsque j'ai reconnu ma colère que la retraite a pu véritablement commencer pour moi. Plus nous apprenons à reconnaître toute la gamme de nos émotions, y compris les plus subtiles, plus nous devenons familiers et à l'aise face à elles. Au cours de cet apprentissage, leur emprise sur nous se relâche.

Etiquetage : étiqueter mentalement de manière régulière et décontractée, ou donner un nom à l'émotion présente :

« joie », « colère », « frustration », « bonheur », « ennui », « contentement », « désir », etc., nous encourage à rester présents à ce qui est central dans notre expérience. Donner un nom est une manière efficace de nous empêcher de nous identifier avec nos fortes émotions. Nous sommes pris par nos émotions de plusieurs manières : nous pouvons les justifier, les condamner, en avoir honte, ou être captivés par elles. Les nommer nous aide à prendre nos distances avec notre identification et à parvenir à un point d'observation plus neutre : « c'est ainsi. » Certains contes populaires racontent comment le dragon perd ses pouvoirs lorsqu'il est nommé. De la même manière, nos émotions peuvent perdre de leur pouvoir sur nous lorsqu'elles sont nommées.

Acceptation : Dans la pratique de l'attention, nous permettons simplement aux émotions, quelles qu'elles soient, d'être présentes. Cela ne signifie pas excuser ou justifier nos sentiments. La pratique formelle de la méditation nous offre l'occasion extraordinaire de pratiquer l'acceptation inconditionnelle de nos émotions. Cela ne signifie pas qu'on les exprime, mais qu'on les ressent sans inhibition, résistance ou encouragement. Pour faciliter l'acceptation, nous pouvons essayer de voir que l'émotion est survenue simplement parce que certaines conditions étaient réunies. Par exemple, si vous creviez un pneu en allant au travail et que votre patron vous assignait une nouvelle tâche avec un délai serré une fois que vous êtes enfin arrivé, vous vous sentiriez peut-être frustré ou en colère. Si votre patron vous assigne cette même tâche le lendemain d'une bonne nuit de sommeil et que vous avez reçu de bonnes nouvelles à propos de vos actions boursières, vous serez peut-être excité et vous l'accepterez comme un défi. Si nous pouvons voir que nos émotions résultent d'un ensemble particulier de conditions, il nous est plus facile de les accepter sans les identifier avec notre personne.

Investigation : Cela suppose d'abandonner toute idée fixe à propos d'une émotion et de la considérer avec un nouveau regard. Les émotions sont des événements composites, faits de sensations corporelles, pensées, sentiments, motivations et attitudes. L'investigation n'est pas une analyse abstraite. C'est plutôt un exercice d'attention sensorielle : nous faisons l'expérience tangible de nos émotions dans le moment présent. Il est particulièrement utile d'investiguer les sensations corporelles liées aux émotions. La corrélation entre les émotions et leur manifestation physique est si forte que lorsque nous leur résistons ou les supprimons, nous supprimons du même coup les sensations présentes dans certaines parties de notre corps. Prendre conscience de notre corps grâce à la pratique de l'attention nous permet aussi de prendre conscience de notre capacité à ressentir nos émotions. Si nous laissons le corps être le réceptacle de nos émotions, nous pouvons plus facilement nous affranchir des pensées liées à nos émotions -- les histoires, les analyses ou les tentatives pour arranger la situation -- et demeurer simplement avec l'expérience du moment présent.

L'attention aux émotions nous aide à atteindre un point à partir duquel nous ne réagissons pas à nos fortes envies et à nos émotions de manière automatique. Ce point est une bonne base pour évaluer la situation avec soin et prendre de sages décisions. Le but de la méditation bouddhiste n'est pas de devenir neutre sur le plan émotionnel. Elle nous permet de développer notre pleine capacité à ressentir nos émotions et à être sensibles au monde qui nous entoure, sans que nous soyons pour autant submergés par ce que nous ressentons.

L'esprit, difficile à contrôler
    Volage, qui se pose où cela lui chante,
Mieux vaut le dresser.
    La discipline de l'esprit mène au bonheur.
L'esprit, difficile à voir,
    Subtil, qui se pose où cela lui chante,
Le sage le protège.
    L'observation de l'esprit mène au bonheur.
                    Dhammapada 35-36

L'attention aux pensées

Parfois les gens pensent que le but de la méditation est de s'arrêter de penser, d'avoir un esprit silencieux. Cela arrive occasionnellement, mais ce n'est pas nécessairement le but de la méditation. Les pensées forment une part importante de la vie et la pratique de l'attention n'est pas censée être une lutte contre elles. Plutôt que de considérer nos pensées comme des distractions malencontreuses, nous gagnons à entretenir un rapport amical avec elles. Avec la pratique de l'attention, nous essayons de surmonter les préoccupations causées par nos pensées, plutôt que d'arrêter celles-ci.

Cependant, l'attention ne veut pas dire non plus que l'on pense à quelque chose. L'attention est une observation non discursive de notre vie dans tous ses aspects. Quand la pensée prédomine, l'attention est la conscience claire et silencieuse du fait que nous sommes en train de penser. J'ai trouvé le conseil suivant utile et relaxant : « En ce qui concerne la méditation, il n'est pas nécessaire de penser à quoi que ce soit en particulier. » Les pensées peuvent aller et venir comme bon leur semble et le méditant n'a pas besoin de s'en mêler. Nous ne cherchons pas à nous impliquer dans le contenu de nos pensées. L'attention à la pensée consiste simplement à reconnaître que nous sommes en train de penser.

Durant notre méditation, quand nos pensées sont subtiles et restent à l'arrière-plan, ou quand elles sont aléatoires et détournent notre attention du moment présent, tout ce que nous avons à faire est de reporter notre attention sur notre respiration. Cependant, quand nos pensées nous préoccupent au point de dépasser notre capacité à les délaisser, nous dirigeons notre attention de façon à être clairement conscients du fait que nous sommes en train de penser.

Quand nous nous identifions à nos pensées ou que nous sommes préoccupés par elles, nous pensons encore plus. En observant avec clarté notre pensée, nous nous affranchissons de cette identification. En général, la pensée se transforme alors en un flot calme et discret.

Parfois la pensée peut être intense et compulsive même si nous en sommes conscients. Lorsque cela arrive, une méthode est de noter comment de telles pensées affectent le corps, physiquement et énergétiquement. Cela peut occasionner une pression dans la tête, une crispation du front, une tension des épaules, ou un bourdonnement comme si la tête était pleine de milliers de bourdons. Laissez votre attention ressentir les sensations de tension, de pression ou tout ce que vous découvrez d'autre. Il est facile de se laisser prendre par l'histoire créée par ces pensées préoccupantes, mais si vous ressentez les sensations physiques liées à la pensée, vous portez votre attention sur le moment présent plutôt que sur le récit raconté par vos pensées.

Quand un thème particulier réapparaît continuellement dans vos pensées, il est fort probable qu'une forte émotion en soit la cause. Dans ce cas, vous pouvez reconnaître une pensée qui vous cause soucis et revenir à votre respiration maintes fois, le souci est susceptible de revenir tant que l'émotion qui y est associée n'est pas reconnue.

Par exemple, les gens qui planifient beaucoup constatent souvent que les pensées planificatrices résultent de leur appréhension. Si cette crainte n'est pas reconnue, elle va engendrer de nouvelles pensées planificatrices. Si donc vous avez un schéma de pensées répétitif, voyez si vous pouvez trouver l'émotion qui y est associée et reporter votre attention sur elle. Etablissez-vous dans le moment présent, dans l'émotion elle-même. Quand vous reconnaissez l'émotion, les pensées qu'elle engendre vont souvent cesser.

Penser est une part extrêmement importante de nos vies. Beaucoup d'entre nous passent un temps considérable dans le monde cognitif des idées et des scénarios que nous inventons. La pratique de l'attention n'arrête pas la pensée, mais elle nous aide à ne pas suivre de manière compulsive les pensées qui apparaissent. Et cela, à son tour, nous aide à devenir plus équilibrés de sorte que nos facettes physiques, émotionnelles et cognitives travaillent ensemble comme un tout.

> Les êtres sont
> > Propriétaires de leur karma,
> > Héritiers de leur karma,
> > Nés de leur karma,
> > Apparentés à leur karma,
>
> Soutenus par leur karma.
> > Quoi qu'ils fassent, en bien ou en mal, ils en hériteront.
> > Anguttara Nikaya V.57

L'attention aux intentions

Le Bouddhisme nous offre un défi : est-il possible de vivre une vie sans souffrance ? Une des voies les plus directes pour apporter aisance et bonheur aussi bien à notre pratique de l'attention que dans notre vie est de sonder nos intentions. Tandis que nos activités ont des conséquences à la fois dans le monde extérieur et dans notre monde intérieur, le bonheur et la liberté auxquels le Bouddha faisait allusion appartiennent au monde intérieur de nos intentions et de nos inclinations. C'est une des raisons principales pour lesquelles le Bouddha a tellement insisté sur l'attention à porter à nos intentions.

La pratique bouddhiste encourage une profonde appréciation du moment présent, ce qui renforce notre capacité à répondre dans le présent de manière créative plutôt que d'agir selon nos habitudes et nos inclinations. L'attention nous place dans une situation où le choix devient possible. Plus nous sommes conscients de nos intentions, plus nous sommes libres de choisir. Les gens qui ne voient pas leurs choix ne croient pas qu'ils en ont. Ils ont tendance à répondre automatiquement, aveuglés par leur conditionnement et par les circonstances dans lesquelles ils se trouvent. L'attention, en nous aidant à prendre conscience de nos impulsions avant que nous agissions, nous donne l'occasion de décider si nous devons agir et comment agir.

Selon les enseignements bouddhistes traditionnels, chaque instant mental implique une intention. Cela signifie que les choix interviennent dans notre vie avec une subtilité phénoménale. Peu d'entre nous gardent leur corps immobile, si ce n'est, peut-être, dans leur sommeil ou durant la méditation. Chacun des mouvements continuels de nos bras, mains et jambes est précédé par une impulsion intentionnelle, qui n'est généralement pas consciente. L'intention est présente même lors de décisions en général insignifiantes et qui en général passent inaperçues, comme l'objet sur lequel nous dirigeons notre attention ou les pensées que nous poursuivons. De la même manière qu'un flot constant de gouttes d'eau finit par remplir une baignoire, l'accumulation de ces petits choix forme ce que nous sommes.

Nos intentions, conscientes ou non, brutes ou raffinées, contribuent soit à notre souffrance soit à notre bonheur. Les intentions sont parfois appelées des graines. Le jardin que vous cultivez dépend des graines que vous plantez et de l'eau dispensée. Bien après l'accomplissement d'un acte, la trace ou l'élan de l'intention à l'origine de celui-ci reste à l'état de graine, conditionnant notre bonheur ou notre malheur futur. Si nous arrosons des intentions de haine ou d'avidité, la souffrance qui leur est inhérente va germer, aussi bien au moment de leur mise en acte que dans le futur, sous la forme d'habitudes renforcées, de tensions et de souvenirs pénibles. Si nous cultivons des intentions d'amour ou de générosité, le bonheur et la sincérité inhérents à ces états feront plus souvent part de notre vie.

En fait, certains actes intentionnels entravent l'éveil de la conscience. Un exemple en est le mensonge intentionnel. La peur d'être découvert, le besoin continuel de dissimulation qui souvent s'ensuit, et l'esquive de la vérité tendent à renforcer la tendance de l'esprit à être préoccupé, ce qui est le contraire de l'éveil.

Un rôle important de la pratique de l'attention est de nous aider à comprendre les conséquences à court et à long terme de nos actions intentionnelles. Cela tend à rendre nos choix plus sages que s'ils étaient basés uniquement sur nos goûts et nos préférences. Considérer les conséquences de façon réaliste et informée évite que nos « bonnes » intentions ne soient que des intentions naïves. Cela peut aussi nous aider à comprendre quels choix renforcent notre pratique spirituelle et lesquels nous en détournent.

Le fait d'être attentif à ses intentions prend place dans la pratique de l'attention de plusieurs manières. L'aspect le plus important est peut-être de réfléchir avec soin à votre intention la plus profonde. Quel est le vœu qui vous tient le plus à cœur ? Qu'est-ce qui a le plus de valeur ou qui occupe la plus haute priorité pour vous ? La pratique de l'attention connectée à votre intention la plus profonde produira un résultat différent de la pratique connectée à des soucis plus superficiels. L'homme d'affaires qui pratique l'attention pour réduire son niveau de stress dans le but d'acquérir un avantage sur la concurrence sème des graines qui donneront des résultats très différents de ceux obtenus par quelqu'un qui s'adonne à cette même pratique afin de renforcer son aide compatissante aux autres. Quand l'effort d'être attentif est alimenté par l'avidité, il renforce aussi la tension et l'insensibilité qui y sont liées. Quand l'effort est alimenté par la bonté, il fortifie la sincérité et la sensibilité qui y sont liées.

Je crois qu'une pratique journalière de la méditation assise est extrêmement bénéfique. Mais je crois qu'il est encore plus bénéfique de passer quelques minutes chaque jour à réfléchir à nos intentions les plus profondes. Nos vies trépidantes peuvent facilement nous faire oublier nos valeurs fondamentales et nos motivations. S'en souvenir permet à nos choix d'être guidés par elles. De plus, quand nous allons au-delà des attachements et des aversions superficielles de l'esprit pour découvrir ce qui nous touche le plus profondément, nous accédons à une extraordinaire puissance d'inspiration et de motivation. Par exemple, à une certaine époque, j'avais décidé de réfléchir à l'intention que je mettais dans chacune des tâches de la journée, afin de permettre à mon intention la plus profonde de guider chacune d'entre elles. Même une activité qui aurait pu paraître triviale, comme aller faire les courses, devenait l'occasion de renforcer mon intention de communiquer avec les gens avec précaution et compassion. Cette pratique simple me procura beaucoup de joie.

Une autre manière d'inclure nos intentions dans notre pratique est de nous arrêter brièvement avant de commencer une nouvelle activité, ce qui nous permet de découvrir quelle est notre motivation. Être conscient de notre intention une fois qu'une action a débuté est utile, mais c'est un peu comme essayer d'arrêter une balle une fois que nous l'avons lancée. L'élan est pris.

Nous pouvons examiner les intentions qui sont derrière nos activités et nos décisions majeures comme notre travail, nos relations, ou ce que nous faisons durant nos loisirs. Quelle est notre motivation et comment est-elle liée à nos intentions les plus profondes ? De manière similaire, nous pouvons examiner les intentions qui déterminent nos décisions à propos de questions mineures telles que : quand et comment nous mangeons, comment nous conduisons, ce que nous lisons ou regardons à la télévision. Est-ce que le choix est fondé sur la peur, l'aversion, la solitude ou la dépendance, ou bien sur la générosité ou sur une manière sage de prendre soin de soi-même ? Des motivations différentes ne sont pas nécessairement bonnes ou mauvaises. Elles peuvent, par contre, avoir des conséquences très différentes même lorsque les actions externes qui en découlent semblent identiques.

Essayer d'être attentifs à toutes nos motivations peut être accablant. Il peut être utile de choisir une seule activité à la fois pour l'observer plus soigneusement. Par exemple, vous pourriez passer une semaine à devenir un expert de vos intentions lorsque vous mangez, faites vos courses ou faites le ménage.

Une des applications les plus significatives de l'attention appliquée aux intentions concerne probablement la parole. Nous parlons souvent sans réfléchir. Prêter attention aux multiples raisons qui sont à la base de ce que nous disons offre un aperçu des plus directes sur nos cœurs. La parole est rarement une simple offre d'information ou l'expression de notre bienveillance. Elle est étroitement liée à la perception que nous avons de nous-mêmes, à la manière dont nous voulons que les autres nous perçoivent et à nos espérances et à nos peurs. Différencier nos intentions saines de nos intentions malsaines peut être utile pour décider de prendre la parole ou de se réfugier dans un sage silence. La parole peut grandement supporter, ou saper, une pratique spirituelle.

L'attention et l'intention sont deux pierres angulaires de la pratique bouddhiste. Prêter attention à notre intention ne mène pas, comme certains le craignent, à une vie passée à se surveiller dans un effort sans fin. Être complexé et être préoccupé par soi-même peut être épuisant, mais être pleinement conscient ne l'est pas. Une meilleure compréhension de nos intentions et le développement d'une certaine sagesse à leur propos s'accompagne d'une plus grande aisance. Nous nous mettons à agir de façon toujours moins égocentrique.

Suivre le chemin bouddhiste de l'attention jusqu'à sa fin, la fin de la souffrance, jusqu'à l'éveil, nécessite un grand engagement. Plus nous faisons preuve de sagesse dans l'attention que nous prêtons à nos intentions, plus notre effort est utile.

Je souhaite que vous puissiez observer vos intentions avec sagesse et que, de ce fait, la souffrance soit soulagée partout.

Comme une abeille qui butine,
Et progresse sans faire de mal
À la fleur, à sa couleur, ou à son parfum,
Le sage devrait traverser un village.
Dhammapada 49

Être un naturaliste

Avec la méditation de l'attention nous apprenons à être présents pour les choses telles qu'elles sont. A cette fin, il peut être utile d'adopter l'attitude d'un naturaliste. Un naturaliste observe simplement la nature, sans interférence, sans imposer ses vues. Si un loup mange une biche, un naturaliste regarde sans juger. Si une plante produit une fleur d'une beauté stupéfiante, un naturaliste la laisse en paix et ne succombe pas au désir de la ramener à la maison.

Avec la méditation, nous nous observons tout comme un naturaliste observe la nature : nous ne refoulons, ne nions, ne défendons et ne nous agrippons à rien. Cela signifie que nous observons notre vie en étant présents mais sans interférer. Nous pouvons voir notre colère, dépression, peur, bonheur, joie, douleur et plaisir directement, tels qu'ils sont, sans les compliquer. Le point de vue du naturaliste est de respecter ce qui est observé. Le mot « re-spect » est un joli synonyme pour la pratique de l'attention car il signifie littéralement « regarder de nouveau. »

Souvent nous compliquons notre observation de nous-mêmes en prenant les choses personnellement. Bien sûr, nous ne pouvons pas nier que nous avons des peines et des joies, des défis et des succès, des émotions et des pensées. Mais quand nous les prenons personnellement nous nous laissons définir par elles : la présence de la colère signifie que je suis une personne colérique. Un acte généreux pris personnellement est la preuve que je suis une personne généreuse. Bien que la tendance habituelle à prendre les choses personnellement puisse paraître innocente, elle complique souvent inutilement notre relation avec ce qui se passe. Les problèmes liés à l'identification personnelle, à l'image de soi et aux attentes nous jettent facilement dans la perplexité.

Du point de vue du naturaliste, je ne vois pas « ma colère » ou « ma générosité. » Ces deux observations sont plutôt vues comme « la colère » ou « l'impulsion de générosité. » Un tel changement de perspective peut être particulièrement utile pour la douleur physique. Quand on la prend personnellement, « ma douleur » peut facilement mener à des sentiments pesants de responsabilité et d'enchevêtrement. Quand nous la voyons comme « la douleur, » il nous est plus facile en général de rester légers et détachés.

Nous compliquons notre vie d'une autre manière quand nous assignons des valeurs telles que « bonne » et « mauvaise » à nos expériences. Pour un naturaliste, il n'y a pas de bien ou de mal ; le monde naturel se déploie simplement devant nous. Durant la méditation de l'attention, nous n'avons pas besoin de juger notre expérience comme étant bonne ou mauvaise. Nous observons simplement comment sont les choses et comment elles se déroulent.

En cultivant le point de vue du naturaliste durant la méditation, nous parvenons à développer notre capacité à ne pas réagir. Grâce à cette perspective non-réactive, nous pouvons plus facilement explorer les manières sages de répondre à toutes les situations auxquelles nous sommes confrontés. Une fois que nous avons vu avec clarté, il est bien possible que nous ayons besoin d'agir ou de nous impliquer. Par exemple, il se peut qu'un naturaliste décide d'enlever une plante non indigène d'un écosystème délicat. De même, en étant les témoins non-réactifs de notre colère ou de notre avarice, nous allons peut-être décider de les éradiquer.

Grâce à leurs pouvoirs exceptionnels d'observation et de réflexion, les êtres humains peuvent être à la fois les observateurs et les sujets de l'observation. Nous pouvons être à la fois le naturaliste et la nature. Nous sommes la nature qui se voit elle-même. Grâce à notre capacité à voir clairement, nous pouvons être la nature qui se libère par elle-même.

Celui qui a été une fois inattentif
    Mais ne l'est plus maintenant,
Illumine le monde
    Comme la lune libérée d'un nuage.

   Dhammapada 172

En accord avec la nature

Toute pratique spirituelle implique un changement ou un désir de changement : passer d'un état de souffrance à un état sans souffrance, passer de l'agitation au calme, passer d'un cœur fermé à un cœur ouvert et compatissant. Quand on s'engage pour la première fois dans une pratique spirituelle, le désir, même le besoin de changement est souvent très fort. Inversement, dans certaines pratiques bouddhistes avancées, le désir de changement est si subtil qu'il peut passer inaperçu. Par exemple, il se peut qu'on apprenne à accepter les choses simplement, telles qu'elles sont, sans vouloir les changer. Mais même dans ce cas il y a un changement : on passe d'un état de non-acceptation à un état d'acceptation.

Il est important pour nous de réfléchir sur le rapport que nous avons avec ce processus de recherche de changement. Y a-t-il des moyens sains et malsains d'amener le changement ? Il est utile de distinguer entre le changement qui est en accord avec la nature et celui qui est un acte de l'égo.

Considérez comment une jardinière habile favorise la croissance d'une fleur. La jardinière ne tire pas sur la pousse d'une graine pour aider la plante à croître, ou elle ne tire pas sur les pétales d'une fleur pour la faire s'ouvrir. Elle nourrit et protège plutôt la plante et ainsi la laisse pousser et fleurir naturellement.

De la même manière, beaucoup de choses qui nous permettent de vivre se produisent sans que nous ayons besoin d'intervenir. Par exemple, le corps sait comment prendre soin de lui-même d'une manière que l'esprit ne pourra jamais comprendre. L'esprit conscient ne peut pas contrôler tout ce qui est lié au battement du cœur, à la circulation du sang et au fonctionnement du système immunitaire. Ce que fait notre corps sans notre attention consciente est simplement stupéfiant ! Notre rôle principal dans ces processus est d'alimenter et de protéger.

A l'opposé de cette évolution naturelle, il y a le changement imposé par l'ego, découlant de notre insécurité, de notre peur, de notre hostilité, de notre avidité ou de notre ambition. Du fait de notre capacité phénoménale à penser de manière abstraite, nous plaquons facilement notre monde d'idées sur la nature plutôt que de laisser patiemment celle-ci nous montrer ce qui est nécessaire et comment nous pouvons vivre en accord avec elle. Par exemple, la permanence est un concept que nous imposons souvent à notre expérience, ce qui nous met en désaccord avec l'impermanence inhérente à tout processus naturel. Un autre concept qui peut contrecarrer notre expression naturelle est le fait d'avoir une image figée de nous-mêmes, ce qui peut aisément nous pousser à nous conformer à des « je devrais » et « je ne devrais pas. »

Je crois que la pratique spirituelle évolue plus sereinement quand nous trouvons le moyen de vivre en accord avec la nature. Une métaphore utile dans ce cas est celle d'une rivière. Entrer pleinement dans la vie spirituelle est comme entrer dans un cours d'eau qui nous transporte au grand océan. Tout ce que nous avons à faire est d'entrer dans la rivière et d'y rester. La confiance, la persistance, l'attention, la clarté et les révélations nous aident à flotter dans la rivière. Une fois que nous flottons, la nature même de la rivière est de nous transporter sans effort vers l'océan. Si nous luttons contre la rivière, si nous luttons contre le courant, nous pouvons nous épuiser à essayer d'aller à l'encontre du flot naturel.

La métaphore de la rivière est très différente de la métaphore populaire qui compare le chemin spirituel à l'escalade d'une montagne, ce qui suggère un effort difficile, constant et obstiné et qui peut conduire à une spiritualité propulsée par l'ego. L'ascension est difficile, ce qui laisser penser que tout le monde ne peut pas réussir. Le sommet de la montagne peut être étroit, ce qui suggère que seules quelques personnes peuvent s'y trouver en même temps. A l'inverse, l'océan est assez grand pour contenir tout le monde.

La métaphore de la rivière est l'expression d'une pratique qui s'accorde avec la nature, avec la vérité. Cela ne signifie pas que la pratique spirituelle ne demande rien de nous. Dans une rivière rapide, nous devons être attentifs et assurer un certain guidage pour rester dans le courant et pour éviter les rochers et les tourbillons. Pour nous permettre de découvrir la nature et la manière d'être en accord avec elle, la pratique requiert de l'attention et un sens de l'investigation, soutenus par le calme et la stabilité intérieure. Souvent cela demande d'apprendre à ne pas nous immiscer dans nos propres problèmes et aussi à ne pas interférer avec l'évolution et la guérison naturelles qui se produiront si nous leur en donnons l'occasion. Notre esprit conscient ne sait peut-être pas ce qui est censé se passer. Telle une fleur qui a besoin d'eau et d'engrais, notre vie intérieure s'épanouit de manières variées quand elle est prête, si nous l'alimentons avec assiduité, compassion et acceptation.

Pour travailler avec la nature, nous devons l'étudier de manière approfondie. Une façon de le faire est d'examiner toutes les manières que nous avons de travailler contre la nature en émettant des jugements, en étant hostiles, exigeants, pressés, désagréables ou mesquins.

Une autre manière importante d'étudier la nature est de porter notre attention sur notre corps. Nos corps sont, après tout, une expression claire de la nature. Notre corps est peut-être notre lien le plus intime à la nature. Prêter attention au corps, c'est s'intéresser à ce qui bouge dans le corps, à ce qui veut s'exprimer. Beaucoup de nos volontés, désirs, peurs, aspirations, compréhensions et émotions résident dans le corps. Si nous résistons à la nature, nous les gardons figés dans le corps. Mais si nous agissons à l'opposé en les suivant aveuglément, nous allons aussi contre la nature.

S'accorder avec la nature, c'est découvrir que nous *sommes* la nature. Dans le bouddhisme, on trouve ce dicton : « Ceux qui pratiquent le Dharma sont protégés par le Dharma. » Autrement dit, ceux qui pratiquent en accord avec la nature sont protégés par la nature. Ceux qui pratiquent la vérité sont de même protégés par la vérité.

Puissiez-vous tous être protégés par votre nature.

J'appelle un aurige
  Celui qui maîtrise
Le char instable de la colère qui est montée,
  Les autres ne font qu'en tenir les rênes.

Dhammapada 222

Travailler avec la colère

Il y a fréquemment une tension entre les enseignements bouddhistes et les attitudes occidentales face à la colère. Lorsque je fais un exposé sur la colère, décrivant comment travailler avec elle, comment ne pas être contrôlé par elle et comment la laisser aller, quelqu'un dira inévitablement : « Je ne crois pas que la colère soit mauvaise ou que nous devrions nous en débarrasser. Elle peut jouer un rôle utile dans nos vies. » Ces commentaires sont peut-être basés sur l'hypothèse que l'emploi du mot « colère » dans le bouddhisme est le même qu'en français. Souvent, son emploi fait référence à des expériences quelque peu différentes.

Le mot bouddhiste *dosa*, traduit en général par colère, serait peut-être traduit plus exactement par « hostilité », à condition de reconnaître que l'hostilité peut être présente dans des émotions allant d'une aversion mineure à une rage totale. Bien que le mot français « colère » puisse inclure l'hostilité, cela n'est pas forcément le cas. L'Occident a une longue tradition qui considère certaines formes de colère non hostile comme appropriées. Une protestation vigoureuse contre l'injustice en est un exemple.

Dosa ronge celui qui est en colère. Les enseignements bouddhistes classiques comparent celui qui est en colère à quelqu'un qui tient un charbon ardent. Pour les Bouddhistes, quand *dosa* est en nous, l'action n'est jamais justifiée ; *dosa* est une forme de souffrance que la pratique bouddhiste est destinée à soulager.

Un texte bouddhiste ancien compare *dosa* à de « l'urine mélangée à du poison. » Dans l'Inde antique, on considérait que l'urine avait des vertus thérapeutiques ; c'était désagréable mais salutaire. Cependant, quand l'urine est mélangée à du poison, le médicament déplaisant devient nocif. Parfois, un « non ! » vigoureux est requis même si cela peut être désagréable. Mais un « non » énergique mélangé avec de l'hostilité est comme mélanger de l'urine avec du poison.

Dosa interdit aux autres l'accès à notre cœur et les tient éloignés de notre bonté et de nos soins. Nous ne devons pas nécessairement éviter la colère, mais nous devons nous garder de barrer aux autres l'accès à notre cœur.

Comment pouvons-nous travailler avec cette émotion difficile ?

La méditation peut être très utile. Dans cette pratique, nous pouvons faire l'expérience de notre colère sans inhibitions, jugements ou interprétations. Découvrir notre capacité à être témoin de notre colère sans être obligés ni de la repousser ni de nous investir en elle peut être un grand soulagement. En fait, il se peut que la méditation soit le lieu le plus sûr pour être en colère, pour apprendre à laisser la colère s'exprimer en nous librement, sans condamnation ou approbation.

En nous fondant sur l'attention non réactive, nous pouvons examiner la colère en profondeur à travers notre corps, nos émotions et nos pensées. La colère peut nous ouvrir au monde de la découverte de soi.

La colère est généralement dirigée vers l'extérieur, contre un objet, d'autres gens, des événements, ou même contre des parties de nous-mêmes. Dans la méditation de l'attention, nous détournons notre esprit de l'objet de la colère et le dirigeons vers l'intérieur pour étudier la source de la colère et l'expérience subjective d'être en colère.

Nous pouvons examiner la colère grâce aux sensations du corps. L'expérience directe de la colère peut entraîner des sensations de chaleur, de crispation, de pulsation ou de contraction. La respiration peut devenir plus lourde ou plus rapide, et les battements du cœur plus forts. Comme ces sensations sont directes et immédiates, leur porter attention atténue notre préoccupation pour l'objet de notre colère et le récit par lequel nous expliquons la cause de notre colère. Cela, à son tour, nous aide à être présents plus pleinement pour la colère telle qu'elle est.

Détourner notre attention de l'objet de notre colère est important car, même si les conditions donnant lieu à la colère peuvent être variées, les causes *directes* de la colère hostile sont à chercher dans la personne en colère. Ces causes incluent l'aversion, l'attachement, le ressentiment, la peur, une attitude défensive et d'autres réactions qui ne sont peut-être pas nécessaires et qui souvent sont la source de la plus grande peine dans une situation difficile. Un proverbe traditionnel affirme : « Un ennemi peut vous faire mal physiquement, mais si cet ennemi veut vous blesser au cœur, vous devez l'aider en vous mettant en colère. »

La colère hostile semble avoir sa source dans le mouvement de recul que nous avons face à notre propre peine. Nous réagissons peut-être à notre propre tristesse, solitude, peur, déception ou à notre douleur en dirigeant notre colère vers l'extérieur plutôt que d'avoir à éprouver nos sentiments. Apprendre à explorer notre peine honnêtement et sans réactivité par l'entremise des événements mentaux et des sensations corporelles est un pas important vers la liberté.

Dans ma propre vie, j'ai appris que ma colère a tendance à avoir deux causes principales : la peur et la douleur. Quand je suis en colère, si cela est approprié, je me retire de la situation et j'essaye d'être conscient de ce qui se passe en moi. Si je peux trouver la peur ou la douleur qui sont à la source de ma colère, alors, si c'est possible, je reviens à cette situation et parle du point de vue de ma douleur ou de ma peur.

Mes conversations ont tendance à être plus utiles quand je fais cela, en partie parce que je ne jette le blâme sur personne. Cela diminue souvent la réactivité de mon interlocuteur et le met moins sur la défensive. Il aura aussi peut-être plus tendance à voir sa propre responsabilité.

La colère est toujours un signal. L'attention aide à révéler ce qu'elle signale. Parfois le signal nous dit que quelque chose dans le monde externe a besoin d'être résolu, parfois que quelque chose ne tourne pas rond intérieurement. Au minimum, la peur signale que quelqu'un est en train de souffrir. Cette personne est probablement vous-même. Restez tranquille au milieu de votre colère et libérez-vous de cette souffrance.

Pour celui qui est éveillé et résolu,
 Dont l'esprit n'est pas pollué,
Et qui a abandonné les bonnes actions comme les mauvaises,
 La peur n'existe pas.

Dhammapada 39

La peur

Quand nous nous engageons dans une pratique spirituelle, nous devons nous attendre à découvrir à quel point l'appréhension et la peur non seulement sont présentes dans notre vie, mais parfois la dirigent. Une grande part de notre vie est régie par des sentiments de peur, d'appréhension, d'anxiété, de terreur, d'inquiétude ou de méfiance, dans une mesure sans doute plus grande que la plupart d'entre nous ne le réalisent. La peur est la source de plusieurs types de souffrances psychologiques. Une part importante de la méditation de l'attention est d'étudier cette peur de façon à la comprendre et à l'accepter suffisamment pour ne pas vivre sous son emprise.

La peur nous affaiblit de manière évidente quand elle nous empêche de nous engager dans des activités normales. Nos efforts pour l'éviter, l'ignorer ou lui résister peuvent être tout aussi débilitants. Nous ferions bien de suivre l'exemple du Bouddha. Avant de devenir un Bouddha, il incluait la peur dans sa pratique chaque fois qu'elle survenait. Nous pouvons faire de même. A défaut de maîtriser la peur elle-même, nous pouvons apprendre à pratiquer avec elle et ainsi à surmonter son influence débilitante et démoralisante.

Quand nous portons notre attention sur la peur, nous commençons par reconnaître sa présence immédiate et incontestable. Nous ne la psychanalysons pas, nous n'essayons pas de comprendre de quoi elle est faite ou sur quoi elle est basée. Notre travail, en tant que pratiquants de l'attention, est d'affronter, directement et sans complications, ce qui est devant nous.

Nous réagissons à notre expérience en plusieurs étapes et notre esprit génère des niveaux successifs de réactions. Par exemple, supposons que j'aie peur de l'échec et qu'ensuite je craigne ma peur, et puis que je m'irrite contre moi-même parce que je crains ma peur. Puis j'ai honte de moi parce que je suis en colère et ensuite je me sens coupable parce que je devrais avoir plus de bon sens. Et ainsi de suite.

Souvent nous vivons dans le quatorzième ou quinzième, peut-être même le centième, niveau de réaction à notre expérience première. Avec la pratique de l'attention, notre tâche est de nous éveiller et de prendre conscience d'où nous nous trouvons, même si c'est au cent quinzième niveau de réaction, plutôt que de nous irriter encore plus contre nous-mêmes. Nous essayons d'accepter cette dernière réaction afin de ne pas compliquer encore plus les choses et d'avoir une relation directe et franche avec tout ce qui est présent. A mesure que l'attention se renforce, nous nous éveillons de plus en plus tôt, jusqu'au moment où nous nous éveillons lors de la première réaction.

Quand nous travaillons avec la peur pendant notre méditation, il n'est pas toujours nécessaire de l'affronter directement, surtout si elle semble accablante. A la place, nous pouvons essayer de nous calmer en sa présence. Une façon classique de se calmer est de respirer consciemment. Plus l'esprit est occupé par la respiration, moins il est occupé par la peur et celle-ci perd ainsi un peu de sa force.

Quand nous avons développé assez de calme pour ne plus nous sentir en proie à la peur, examiner cette peur avec attention est très utile. Avec la pratique de l'attention, nous n'essayons pas de nier la peur ni de nous en débarrasser : nous ne ferions que la renforcer. Au lieu de cela, nous l'explorons, la ressentons et en devenons des spécialistes. Quand nous agissons ainsi, nous sommes moins préoccupés par elle. Quand nous sommes moins préoccupés par elle, elle est moins apte à provoquer en nous d'autres émotions comme la colère, l'embarras, la culpabilité, le découragement, ou davantage de peur. En observant les pensées ou les sensations physiques qui sont peut-être présentes, nous échappons à l'emprise de la peur et notre identification avec elle diminue.

Une des façons principales d'examiner la peur est de la ressentir dans son corps. Vous avez peut-être des palpitations, des sensations de contractions ou de serrements dans l'estomac. Vous pouvez éprouver un sentiment pénible de vulnérabilité. Si la peur est assez forte, il peut être difficile de rester directement en contact avec les sensations. Dans ce cas, respirez tout en restant en contact avec le malaise, comme si la respiration était un massage. Respirer tout en restant conscient des sensations permet d'explorer la peur sans tomber sous son emprise.

Si notre méditation est suffisamment stable, nous concentrer directement sur les sensations physiques associées à la peur peut être très utile. Fixer notre attention sur les sensations les plus fortes et symptomatiques de notre peur nous aide à nous libérer des idées et des histoires qui déclenchent la peur. Durant la méditation, ces histoires n'ont, la plupart du temps, aucun rapport avec ce qui est en train de se passer dans le moment présent. Maintenir notre attention sur les sensations physiques liées à la peur nous aide à faire de la place pour l'expérience présente, ce qui permet à ces sensations de se manifester librement dans tout notre corps. Nombre de nos tensions, crispations et constrictions commencent à se dissiper lorsqu'elles sont examinées avec attention et douceur.

La peur que beaucoup de gens connaissent dans notre culture n'a souvent que peu à voir avec un danger imminent. Elle est plutôt le résultat d'une idée ou d'une fabrication de ce qui va se passer dans le futur. Cette fabrication alimente notre peur, nos soucis ou notre anxiété. Nous pouvons utiliser la pratique de l'attention pour apprendre à reconnaître le type de pensées qui sont liées à nos peurs, pour voir les thèmes qui nous effrayent fréquemment et pour voir ce qui provoque notre peur.

Quand nous commençons à identifier les circonstances qui entourent la peur et que nous voyons ce qui la provoque, nous pouvons ensuite nous demander si ces créations mentales sont vraiment exactes. Dans ma pratique, voir que mes projections et mes peurs à propos d'une certaine situation étaient souvent bien différentes du résultat réel m'a aidé à surmonter certaines de mes peurs. Par exemple, à une occasion je passai deux jours à me faire du souci à propos d'une réunion, puis cette réunion fut annulée. Après que ce genre d'expérience douloureuse survint non pas seulement une fois, mais à maintes reprises, je commençai à réaliser peu à peu à quel point ces soucis étaient une perte de temps. Quand je compris qu'en général mes idées à propos du futur ne correspondaient pas à la façon dont les choses se passaient en fin de compte, je crus de moins en moins en la justesse de mon imagination. Certains aspects de la sagesse ne voient le jour qu'au terme d'observations répétées. Souvent nous devons devenir très familiers avec quelque chose avant de pouvoir nous en libérer. J'ai trouvé que c'était le cas des soucis.

Une autre manière de travailler avec la peur est d'examiner les croyances qui la confortent. Même si nous savons de quoi nous avons peur, souvent nous ne voyons pas clairement les croyances qui alimentent cette peur. Par exemple, vous savez peut-être que vous vous faites très souvent du souci à propos de ce que les gens pensent de vous, mais vous ne voyez peut-être pas la croyance selon laquelle vous devez être et agir d'une manière particulière pour être accepté par les autres. Ou peut-être que vous ne voyez pas la croyance voulant que seul le regard des autres puisse nous valider. Découvrir ces croyances et les mettre ensuite en question peut diminuer leur pouvoir sur vous.

Le Bouddha enseignait aussi la pratique de la bonté bienveillante comme antidote à la peur. Si vous avez des difficultés à rester attentif et présent avec la peur, vous pouvez méditer sur la bonté bienveillante pendant un certain temps de façon à trouver un peu d'espace et de calme. Ensuite, vous pouvez revenir à la peur et l'examiner.

Avec la méditation et la pratique de l'attention, nous apprenons à remplacer la peur par la confiance, non pas comme un idéal ou une abstraction, mais avec l'assurance qui vient d'une bonne connaissance de la peur. Beaucoup de gens ont peur de la peur, une aversion terrible à son égard, et ne se permettent pas de faire pleinement sa connaissance. Si nous nous permettons de simplement ressentir notre peur dans son entier, nous finissons par apprendre que nous pouvons le faire sans être accablés par elle. Nous développons notre confiance, sans nous y forcer, mais en découvrant par nous-mêmes que nous pouvons être présents pour notre expérience sans qu'elle nous écrase.

Beaucoup d'entre nous avons été convaincus – par la société, par nos propres expériences de vie et par notre propre logique – que nous ne pouvons pas faire confiance à notre état naturel d'existence. Nous nous détournons de nous-mêmes et de nos expériences. Avec la pratique de l'attention, nous apprenons à ne pas détruire ou contrôler nos sentiments, mais à les découvrir et à être présents pour eux. Nous commençons à comprendre comment ils fonctionnent quand nous les ressentons complètement et leur faisons de la place pour qu'ils puissent s'exprimer. Nous commençons à comprendre comment nous créons notre vie émotionnelle et nos réactions.

Au cours de cet apprentissage, nous en venons à faire de plus en plus profondément confiance à l'attention et à la présence directe. Alors que nous explorons les composantes de notre peur, notre confiance se développe et inclut de plus en plus toute notre personne. Le processus d'éveil peut être interprété comme des cercles de confiance qui s'élargissent de plus en plus. L'éveil se produit quand la confiance est généralisée.

Nous pouvons apprendre à faire confiance à l'attention, à faire confiance au simple fait d'exister, sans accessoires, sans béquilles, sans points de vue et sans opinions. Dans la tradition bouddhiste, de telles personnes sont connues comme étant des « dissipateurs de la peur. » Ils font cadeau de leur courage moral. Le courage moral n'est pas forcément l'absence de peur. C'est une qualité positive qui peut exister côte à côte avec la peur, et qui surmonte les limitations dues à la peur. Un tel courage moral peut être un cadeau très important pour les gens qui nous entourent. Nous développons ce courage moral non pas seulement pour nous-mêmes, mais aussi pour les autres.

Que tous les êtres soient heureux,
Qu'ils vivent en sécurité et dans la joie,
Que tous les êtres vivants, qu'ils soient faibles ou forts,
Grands, corpulents, moyens ou petits, visibles ou invisibles,
proches ou distants, nés ou à naître, qu'ils soient tous heureux.
   Extrait du Metta Sutta, Sutta Nipata I.8

Metta

Metta, ou la bonté bienveillante, est une des pratiques bouddhistes les plus importantes. Dans son expression la plus simple, *metta* est le vœu venant du fond du cœur pour le bien-être de soi-même et des autres. Quand le Bouddha décrivait *metta*, il utilisait comme analogie le soin qu'une mère porte à son enfant unique. La bonté bienveillante est étroitement liée à la tendresse de cœur qui nous permet d'avoir de l'empathie pour le bonheur et le malheur du monde.

La bonté bienveillante est aussi la gentillesse innée d'un cœur sincère. Son lien étroit avec l'amitié est exprimé par sa ressemblance avec le mot Pali « mitta », qui signifie « ami ». Cependant, *metta* est plus que de l'amitié conventionnelle, car le sens de ce mot implique d'avoir un cœur ouvert même à l'égard de ses ennemis. Cette ouverture du cœur peut être cultivée par l'empathie ou par la compréhension de notre humanité partagée.

Pratiquer *metta* signifie développer notre capacité à exprimer cette bonté bienveillante. Cela n'implique pas de penser de manière positive ou de s'imposer une attitude positive artificielle. Il n'y a pas besoin de se sentir bienveillant ou bon durant la pratique de *metta*. Nous méditons plutôt sur nos intentions, qu'elles soient faibles ou fortes. Le fondement de la pratique de la bonté bienveillante est de formuler nos souhaits pour notre bien-être et notre bonheur ou celui des autres.

Avec la pratique de *metta* nous arrosons les graines de nos bonnes intentions. Quand nous arrosons nos intentions saines au lieu des malsaines, nous développons ces tendances saines en nous-mêmes. Si ces graines ne sont jamais arrosées, elles ne pousseront pas. Quand elles sont arrosées par une pratique régulière, elles poussent, parfois de manière inattendue. Il est possible de constater que, dans une situation qui auparavant déclenchait colère ou peur, la bonté est devenue la motivation qui nous pousse à agir.

Reconnaître la bonne volonté des autres et exprimer la nôtre a pour effet d'attendrir notre cœur. Parfois, cela suscite des sentiments d'amour, de tendresse et de chaleur humaine. D'autres fois, cet attendrissement du cœur peut révéler des émotions enfouies difficiles ou douloureuses. Un des rôles de la pratique de la bonté bienveillante est de permettre à toutes ces émotions de refaire surface quand le moment en est venu.

Quand nous avons de la difficulté à maintenir notre intention de bienveillance dans nos relations avec autrui et avec nous-mêmes, la pratique de *metta* peut donner un point de référence utile pour nous aider à trouver ce que nous ressentons effectivement. L'absence de bonté bienveillante peut être un signe important, non pas pour nous pousser à l'autocritique, mais pour nous rappeler de ralentir et de prêter plus soigneusement attention à ce qui est vraiment en train de se passer.

Les pratiques de l'attention et de la bonté bienveillante se soutiennent mutuellement. La pratique de *metta* complète celle de l'attention en encourageant une attitude cordiale à l'égard de notre expérience, quelque soit sa difficulté. L'attention complète la bonté bienveillante en l'empêchant de devenir partiale ou sentimentale.

Metta peut favoriser une relation étroite à autrui ; l'attention peut nous aider à rester équilibrés dans ces relations. L'attention peut être une source de liberté ; la bonté bienveillante garantit que notre chemin vers la liberté ne nous tient pas à l'écart des autres.

Comme une mère, au péril de sa vie,
Surveille et protège son enfant unique,
Devrait-on, avec un cœur sans limites, chérir tous les êtres vivants,
Et répandre dans le monde entier une bonté bienveillante et sans limites.

Debout ou en marchant, assis ou couché,
Durant toutes nos heures de veille,
Restons en contact avec ce cœur et avec cette façon de vivre
Qui est la meilleure au monde.
   Extrait du Metta Sutta, Sutta Nipata I.8

Brèves instructions pour la méditation sur la bonté bienveillante

Pour pratiquer la méditation sur la bonté bienveillante, asseyez-vous d'une manière confortable et détendue. Respirez deux ou trois fois profondément et assurez-vous que vos expirations sont lentes, longues et complètes. Abandonnez tous vos soucis et vos préoccupations. Sentez ou imaginez pendant quelques minutes le mouvement de la respiration au centre de votre poitrine, dans la région du cœur.

Metta est tout d'abord pratiquée envers nous-mêmes, puisque nous avons souvent de la difficulté à aimer autrui si nous ne nous aimons pas en premier lieu. Assis calmement, répétez pour vous, lentement et avec régularité, les phrases suivantes, ou des phrases similaires de votre choix :

Que je sois heureux.
Que je sois en bonne santé.
Que je me sente en sécurité.
Que je sois paisible et à l'aise.

Pendant que vous répétez ces phrases, laissez-vous envelopper par l'intention que ces phrases expriment. La méditation sur la bonté bienveillante consiste principalement à établir un lien entre nous et l'intention que nous avons de souhaiter du bonheur à nous-mêmes ou aux autres. Cependant, si des sentiments de bienveillance, de gentillesse ou d'amour se manifestent dans votre corps ou dans votre esprit, ressentez-les et laissez-les se développer pendant que vous répétez vos phrases. Pour vous aider à méditer, vous pouvez évoquer l'image que vous avez de vous-même. Cela aide à renforcer l'intention exprimée par les phrases.

Après avoir pratiqué la bonté bienveillante envers vous-même pendant un certain temps, évoquez l'image d'un ami ou de quelqu'un qui vous a manifesté beaucoup d'affection. Puis répétez lentement ces phrases de bonté bienveillante à son intention :

Que tu sois heureux.
Que tu sois en bonne santé.
Que tu te sentes en sécurité.
Que tu sois paisible et à l'aise.

Pendant que vous énoncez ces phrases, laissez-vous à nouveau envelopper par l'intention qui se trouve derrière ces phrases ou le sentiment qu'elles évoquent dans votre cœur. Et si des sentiments de bonté bienveillante se manifestent, restez en contact avec eux de façon à ce qu'ils se renforcent pendant que vous répétez les mots.

Alors que vous poursuivez votre méditation, vous pouvez évoquer d'autres amis, des voisins, des connaissances, des inconnus, des animaux et finalement des gens avec qui vous avez des difficultés. Vous pouvez soit utiliser les mêmes phrases, en les répétant encore et encore, soit inventer des phrases qui évoquent mieux le sentiment de bonté bienveillante que vous avez envers ces êtres.

En plus des formes simples et peut-être individuelles et créatives de *metta*, il existe une approche classique et systématique pour pratiquer *metta* de manière intensive. Comme cette méthode classique est assez élaborée, elle est en général entreprise pendant des retraites intensives de méditation *metta*.

Parfois, pendant la méditation sur la bonté bienveillante, des sentiments qui semblent opposés à la bonté, tels la colère, le chagrin ou la tristesse, peuvent se manifester. Considérez-les comme un signe que votre cœur est en train de s'ouvrir, dévoilant ce qui y est gardé. Vous pouvez soit passer à la pratique de l'attention, soit concentrer votre bonté bienveillante sur ces sentiments, avec toute la patience, l'acceptation et la bonté dont vous êtes capable envers eux. Surtout, rappelez-vous que vous n'avez aucun besoin de vous juger si vous avez de tels sentiments.

Tandis que vous vous familiarisez avec la pratique de la bonté bienveillante pendant des sessions de méditation, vous pouvez aussi commencer à l'utiliser dans votre vie quotidienne. Pratiquez intérieurement la bonté bienveillante envers les gens qui vous entourent quand vous êtes dans votre voiture, au travail ou n'importe où en public. Vous pouvez ressentir une grande joie quand vous créez un lien sincère entre vous et tous les gens, amis ou inconnus, que vous rencontrez.

Cherchant dans toutes les directions
Avec notre conscience,
Nous ne trouvons personne qui nous soit plus cher
Que nous-mêmes.
De la même manière, les autres
Sont profondément chers à eux-mêmes.
Ainsi, nous ne devrions pas faire de mal aux autres
Si nous nous aimons nous-mêmes.
   Samyutta Nikaya 3.8

La compassion : faire face à la souffrance sans résistance

La compassion est une des valeurs et un des idéaux au centre de la pratique bouddhiste. Cependant, si on la considère comme un idéal, il est facile de ne pas remarquer qu'elle découle de circonstances difficiles. La compassion n'apparaît pas dans un contexte abstrait. Elle voit le jour quand nous entrons en contact direct avec une souffrance suffisamment tangible pour qu'elle nous émeuve, que cette souffrance soit la nôtre ou celle des autres.

Nous pouvons faire face à la souffrance avec ou sans résistance. Résister à la souffrance est l'affronter avec peur, désespoir, condamnation ou de manière craintive. Cela peut aussi signifier que nous projetons nos propres problèmes et chagrins sur d'autres personnes qui souffrent. Si c'est le cas, non seulement nous sommes en mauvaise posture pour les aider, mais nous pouvons aussi facilement sombrer dans le chagrin, la pitié ou l'anxiété.

Quand nous affrontons la souffrance sans lui résister, la souffrance ne fait pas de nous des victimes. Au contraire, elle peut nous motiver de deux manières. D'un côté, elle peut susciter en nous le désir, peut-être même la passion de nous engager dans une pratique spirituelle, de façon à résoudre la source de la souffrance en nous-mêmes. C'est-à-dire qu'elle nous donne la motivation nécessaire pour comprendre nos résistances, nos attachements et nos peurs, ainsi que nos joies et nos forces. De l'autre côté, notre contact avec la souffrance peut éveiller notre compassion et nous amener à souhaiter soulager cette souffrance. Le mot bouddhiste pour « compassion », *karuna*, signifie davantage que de la simple empathie ; il inclut le désir et l'intention de mettre fin à la souffrance. Même quand nous n'avons pas les moyens d'apporter une aide directe, cette attitude peut offrir un réconfort.

Comme idéal, *karuna* signifie être présent pour la souffrance sans la nier, sans être sur la défensive et sans la repousser. Cependant, étant donné la réalité de nos vies désordonnées, nous pouvons simplement apprendre à être compatissants envers nos propres tendances au déni, à la défensive et à l'aversion, et envers la souffrance qui est à l'origine de ces tendances. Le processus de transformation des tensions, des peurs, etc., commence quand nous sommes déterminés à nous asseoir pour méditer quelle que soit la confusion de notre vie. Si nous sommes réellement présents et pleins de compassion, le ressentiment se transforme en pardon, la haine en gentillesse et la colère en bonté. Cependant, quand nous sommes absorbés par nos occupations, nos ambitions, nos évasions ou nos fantasmes, la compassion n'a aucune chance de voir le jour.

Plus nous devenons capables de nous accepter nous-mêmes et d'accepter notre souffrance, plus nous ressentons profondément la souffrance des autres. La pratique de l'attention nous aide à établir un lien d'égal à égal avec les autres. Cela nous empêche de confondre la pitié sentimentale – plaindre les autres tout en se sentant séparés d'eux – avec la compassion.

La souffrance est une expérience humaine universelle ; y faire face avec compassion est une des facultés humaines les plus nobles.

Ne méprisez pas le mérite, en pensant :
   « Je n'en récolterai pas les fruits ! »
Avec de l'eau qui tombe goutte-à-goutte,
   Même une carafe d'eau finit par se remplir.
Avec des petits biens répétés,
   Un sage accumule le mérite.
Dhammapada 122

La patience

Dans nos vies chargées et dans notre quête de réussite, d'efficacité et d'épanouissement, il nous est facile d'oublier la valeur de la patience. Quand nous reconnaissons que la clairvoyance, la paix, la compassion et l'amour sont différents, même incompatibles, avec un comportement et des réactions compulsifs, la valeur de la patience devient évidente. La patience implique de choisir de ne pas répondre de manière réactive. Elle apporte un soutien considérable à la pratique de l'attention. La persévérance, le sang-froid sous l'insulte et l'acceptation de la vérité sont trois facettes traditionnelles de la patience qui renforcent l'attention.

Persévérer avec patience grâce à un effort modéré et régulier nous empêche de succomber au doute, au découragement et à la peur. Quand notre pratique ne progresse pas selon nos attentes, nous pouvons facilement nous décourager. Par exemple, la pratique occasionne souvent des états plaisants ; si nous pensons pouvoir les maintenir à volonté, la réalité du changement peut être très déplaisante. Ou encore nous nous attendons peut-être à ce que la pratique se développe linéairement, avec une concentration et une paix intérieure croissantes, ou avec une diminution régulière de la souffrance. En fait, une période pendant laquelle la pratique est facile peut donner la force intérieure et la confiance nécessaires pour confronter des difficultés longtemps ignorées. Il est beaucoup plus facile de persévérer dans cette pratique sur le long terme si nous réalisons qu'elle n'évolue pas toujours d'une manière régulière et prévisible.

La persévérance est aussi importante quand la pratique spirituelle répond à nos attentes. Quand tout va bien, nous pouvons en arriver à nous relâcher. Quand le bonheur ou la facilité sont présents, nous pouvons oublier de nous consacrer régulièrement à la pratique.

Une persévérance calme nous permet de pratiquer sans être retenus ni par les difficultés ni par les récompenses auxquels nous sommes confrontés. Elle est cruciale pour permettre à la pratique de l'attention de pénétrer jusqu'à la moelle de nos os.

Le sang-froid sous l'insulte signifie ne pas succomber à la colère, à l'agressivité ou au désespoir quand nous sommes menacés. Cela suppose d'être conscient de nos réactions et de nos réponses émotionnelles et peut-être de trouver des moyens plus sages de répondre.

Faire une pause, même pour un instant, avant de réagir dans une situation difficile est une forme de patience très efficace. Une pause peut nous aider à mieux comprendre une situation et nos intentions. Parfois, une pause permet à quelque chose de merveilleux et d'inattendu de se présenter, quelque chose qui ne serait pas arrivé si nous nous étions précipités pour agir ou contrôler.

Il arrive qu'on devienne patient quand, pour comprendre une situation difficile, on l'aborde dans une perspective différente. Notre compréhension est souvent égocentrique ; d'autres perspectives sont peut-être tout aussi appropriées, si ce n'est plus. Aux Etats-Unis, durant le mouvement pour les droits civils par exemple, beaucoup de gens supportèrent des affronts physiques, mentaux et émotionnels terribles parce qu'ils les remettaient dans un contexte plus large que celui de leur propre souffrance. Leur lutte pour les droits civils donna à leur souffrance un but et transforma tout le pays.

La troisième forme de patience est *l'acceptation de la vérité*. C'est être déterminé à percevoir entièrement, sans résistance, la vérité du moment et la vérité de la réalité, jusque dans leurs niveaux les plus profonds. Cela implique de vivre en réalisant qu'au fond de nous-mêmes, il n'y a ni de soi à édifier, ni de soi auquel s'accrocher, ni de soi à défendre. Voir la vacuité lumineuse au centre de toutes choses signifie que nous pouvons renoncer progressivement à l'idée fixe et égocentrique que nous avons de nous. Cela requiert une sorte de patience, car une réalisation spirituelle profonde est une insulte pour l'égo. Beaucoup de gens mènent leur vie avec une vision d'eux-mêmes limitée ; il peut être très effrayant de d'abandonner cette vision. L'acceptation patiente de la vérité qui nous permet de lâcher prise est une force personnelle qui se développe en même temps que la vertu, le discernement, la sagesse, la résolution et la bonté bienveillante.

L'ultime perfection de la patience ne vient pas de l'endurance ou de la réévaluation d'une situation. Elle vient plutôt de la disparition de nos réactions automatiques et habituelles face aux défis de la vie. Arrivée à pleine maturité, la patience devient naturelle. Elle n'implique plus aucun effort.

Le *Brahmana Samyutta* dans le *Samyutta Nikaya* raconte l'histoire d'un homme en colère qui avait insulté le Buddha. Le Buddha lui demanda simplement si des gens lui rendaient parfois visite à la maison. Surpris par le changement de sujet, l'homme lui répondit que oui. Le Buddha demanda alors s'il offrait parfois à manger à ses invités. Quand l'homme répondit de nouveau par l'affirmative, le Buddha demanda ce qui arriverait s'ils refusaient d'accepter la nourriture. A qui appartiendrait-elle alors ? L'homme répondit, que bien entendu, elle lui appartiendrait toujours. Le Buddha dit alors calmement, et j'imagine, avec bonté : « De la même manière, je n'accepte pas vos insultes. Elles restent les vôtres. »

Comme l'ultime patience ne requiert aucun effort, peut-être que le contraire de l'impatience n'est pas la patience, mais plutôt le contentement. En ne poursuivant pas les caprices de l'égo, nous avons l'occasion de découvrir un contentement profond qui se manifeste dans notre vie comme une très grande patience.

La sagesse vient de la pratique ; sans pratique, elle se perd.
Connaissant les deux chemins conduisant l'un vers le gain, l'autre vers la perte,
Conduisez-vous de manière à ce que la sagesse croisse.
Dhammapada 282

Le perfectionnement de la sagesse

Le Bouddhisme est parfois connu comme une tradition de la sagesse : la pratique de l'éveil est soutenue et exprimée par une compréhension profonde de la vie. La sagesse est aussi l'une des dix qualités ou « perfections » développées par la pratique bouddhiste.

La tradition bouddhiste fait la distinction entre trois types de sagesse, qui chacune ont une place dans la vie spirituelle : la sagesse acquise par l'étude, par la réflexion et par le développement de la méditation.

Les gens opposent parfois la sagesse à la connaissance, sous-estimant l'étude. Mais dans le Bouddhisme, la connaissance dérivée de l'étude est reconnue comme une forme de sagesse. L'étude des enseignements est une base très utile pour la pratique. Cette étude inclut la lecture de textes de maîtres spirituels bouddhistes ou venant d'autres traditions. Elle peut aussi inclure des cours. Traditionnellement, elle inclut également la mémorisation de textes bouddhistes. Je demande parfois à mes étudiants de mémoriser de courts textes ou des morceaux choisis, et des choses merveilleuses peuvent arriver. Un passage mémorisé semble être traité en nous de façon subtile et variée, en dehors de notre compréhension intellectuelle. Une ligne ou un passage nous vient soudainement à l'esprit à un moment opportun, nous donnant un nouveau point de vue sur les enseignements ou sur leur application dans notre vie.

La deuxième forme de sagesse est la sagesse basée sur la réflexion : nous utilisons notre capacité de réflexion pour penser aux thèmes importants de notre vie. Cela inclut les discussions avec des amis, d'autres pratiquants et des enseignants. Parfois les gens pensent que l'attention s'oppose à la réflexion, pensant qu'une activité discursive comme la réflexion ne peut pas être spirituelle, contrairement à l'attention, qui n'est pas discursive. La tradition, cependant, n'oppose pas la réflexion à l'attention. Chacune a son importance.

N'importe quel thème peut être le sujet d'une réflexion approfondie. Dans la pratique bouddhiste, il est considéré comme très utile de réfléchir, d'assimiler puis de critiquer des enseignements tels que ceux des Quatre Nobles Vérités, du Chemin Octuple, de l'impermanence, du non-soi, du karma et de l'interdépendance co-émergente. La mort est un sujet de réflexion traditionnel important. Un proverbe dit que la sagesse vient avec l'âge. Cette sagesse vient peut-être de l'expérience de vie accumulée, mais peut-être encore plus du sentiment que la mort approche. Quand la réalité de la mort se précise, elle peut devenir source de sagesse. Elle peut clarifier nos intentions et nos priorités. Plutôt que d'être un souci morbide, la réflexion sur la mort peut nous aider à mener notre vie en pleine conscience, en réalisant ce qui est le plus important.

La troisième forme de sagesse est le développement de la méditation. C'est la compréhension qui apparaît quand les qualités de l'esprit, comme l'attention, sont développées, et qui nous permet d'appréhender l'essence de notre expérience. La plupart des gens considèrent leur expérience comme allant de soi et n'établissent qu'un rapport superficiel avec elle. Nous avons tendance à ne pas mettre en question la nature même de l'expérience et manquons l'occasion de comprendre en profondeur la nature de notre expérience.

Quand, grâce à l'attention, l'investigation non-discursive devient plus soutenue, notre vision est de moins en moins influencée par nos idées. Nous commençons à voir les choses plus clairement et à les prendre pour ce qu'elles sont. Quand l'attention devient plus pénétrante, nous voyons les trois caractéristiques universelles de l'expérience : toute expérience est impermanente, aucune n'offre un refuge satisfaisant pour un bonheur durable, et aucune expérience ou chose reconnue par la conscience ne peut être considérée comme un soi stable.

Quand nous examinons ces caractéristiques directement, notre sagesse croît. Nous commençons à reconnaître la souffrance causée par notre résistance aux changements continuels de notre expérience. Nous commençons à voir que l'attention peut nous mener à un bonheur qui ne dépend pas de notre expérience. Et nous acquérons un certain bien-être dans la vie. Nous trouvons un lieu de liberté dans lequel il n'y a pas de soi à défendre ou à entretenir. Nous pouvons voir nos défauts et notre souffrance sans qu'ils nous limitent, sans croire qu'ils nous définissent.

La perfection de la sagesse et de la réalisation est achevée quand le cœur et l'esprit ne s'accrochent ou ne résistent plus à rien. Voir les trois caractéristiques est un pas important vers cette perfection. Cela mène à un état de conscience qui ne s'identifie pas à nos expériences, qui n'est pas obsédé par elles. L'esprit et le cœur permettent aux expériences de rester ou de partir, telles qu'elles sont. Dès lors, nous pouvons décider comment agir plus judicieusement, comment dire ce qui doit être dit et déterminer quand nous devons lutter. L'art de la libération est d'apprendre à faire ce que nous devons faire dans notre vie, sans que l'esprit ou le cœur ne se contractent ou ne se crispent. Dans *Ash Wednesday,* T.S. Eliot énonce cette sagesse admirablement : « Apprends-nous à nous sentir concernés et non concernés. » Etre concernés et non concernés en même temps. Ce n'est pas l'un ou l'autre.

Plus souvent que nous ne le pensons, nous avons un autre choix que d'opposer les choses les unes aux autres. L'étude, la réflexion et le développement de la méditation renforcent la pratique de l'attention. Ils nous conduisent à la libération et apportent de l'harmonie dans notre vie et dans la vie des autres.

L'esprit instable ou agité,
  Difficile à protéger, difficile à contrôler,
Le sage le redresse,
  Tout comme un bougenier[8] veille
A ce que ses flèches soient bien droites.
   Dhammapada 33

La concentration

Tout comme un gouvernail permet à un navire de maintenir fermement son cap, la concentration offre stabilité et consistance à la pratique de l'attention. En fait, la concentration est tellement importante dans la pratique bouddhiste qu'elle est souvent considérée comme l'égale de l'attention. Sans la force stabilisatrice de la concentration, nous ne pouvons pas maintenir notre attention sur les choses qui nous sont les plus importantes, méditation incluse. Nous tombons facilement sous l'emprise de nos préoccupations au lieu de nous éveiller.

Il nous est plus facile de développer notre concentration si nous comprenons sa valeur et si nous nous rendons compte que diriger notre attention sur notre respiration ou sur quelque chose de similaire peut être vraiment utile. Pour quelqu'un qui ne serait pas familier avec la pratique de la concentration, se concentrer sur quelque chose qui n'est pas liée à ses soucis majeurs peut sembler illogique et contraire à l'intuition. Mais passer vingt ou trente minutes à suivre la respiration donne à la plupart des gens une appréciation tangible de la puissance de la concentration.

Un esprit sans concentration est distrait et se perd aisément dans ses préoccupations. L'esprit peut être si « distrait par des distractions qu'il ne sait même pas qu'il est distrait », ou si contracté par ses préoccupations qu'il lui est difficile de voir au-delà de la tension.

---

[8] Fabricant de flèche

Nos soucis peuvent nous préoccuper au point que nous ne remarquons pas que nous avons un certain choix dans notre manière de les comprendre et dans notre rapport à eux. Parfois, nous partons du principe que si nous pouvions comprendre un problème correctement, nous serions capables de le résoudre. Nous nous imaginons que la seule façon d'aborder nos pensées et nos soucis consistent à nous y absorber.

C'est comme si nous étions dans un labyrinthe dont les murs seraient juste un peu plus hauts que nos sourcils. Nous marchons de droite et de gauche, cherchant la sortie en nous cognant contre les murs et en finissant dans des culs de sacs. Nos émotions oscillent entre l'espoir et le découragement, entre une confiance injustifiée et la peur. Coincés dans le labyrinthe, nous pouvons ressentir un urgent besoin d'en sortir et pourtant cela peut nous paraître très difficile. Mais si nous nous mettions sur la pointe des pieds et regardions par-dessus les murs, nous trouverions facilement la sortie grâce à cette position plus élevée.

Le monde de nos pensées et de nos soucis peut être comme un labyrinthe ; nous ne nous rendons pas compte que nous pouvons simplement « nous mettre sur la pointe des pieds » pour avoir un point de vue plus large. De ce point de vue, nos problèmes peuvent prendre une apparence très différente. Nous ne pouvons peut-être pas changer le problème lui-même, mais grâce à l'attention soutenue par la concentration, nous pouvons peut-être modifier notre perspective et radicalement changer le rapport que nous entretenons avec nos problèmes.

La concentration mène au calme, ce qui ouvre des perspectives pour de nouvelles relations avec nos soucis. La plupart d'entre nous savent qu'un esprit calme permet de penser et de voir plus clairement. Mais il peut aussi nous aider à comprendre nos soucis d'une manière complètement nouvelle. Il nous permet de sortir du labyrinthe de nos soucis. Les problèmes tels que les relations interpersonnelles, le travail, la santé et l'identité personnelle peuvent être vus à la lumière de notre intégrité la plus profonde et de nos valeurs les plus chères, plutôt qu'à travers nos peurs, nos désirs et des valeurs populaires et superficielles.

Dans un sens plus profond, l'attention calme, de son point de vue global, nous montre qu'il peut être complètement acceptable d'avoir des problèmes. Nous nous rendons compte que notre capacité à atteindre la plénitude n'est pas compromise par le fait d'avoir des problèmes. En fait, notre plénitude inclut nos problèmes. Cela ne signifie pas que nous devenons passifs, mais que nous n'avons pas besoin d'accompagner nos tentatives de résoudre nos problèmes par un sentiment d'insuffisance, d'inadéquation ou de besoin.

Lorsque que nous sommes aux prises avec un problème, nous pouvons investir beaucoup d'énergie dans nos préoccupations. Avec la pratique de la concentration, nous investissons consciemment notre énergie de façon à rester présents et éveillés pour quelque chose de sain et bénéfique.

Un objet classique utilisé pour le développement de la concentration est la respiration. En suivant la respiration et en revenant à elle régulièrement quand l'esprit s'égare, nous renforçons notre concentration et affaiblissons nos préoccupations. Avec le temps, l'esprit trouve le repos, le calme et devient plus ouvert.

Pour développer la concentration grâce à la respiration, vous pouvez explorer diverses manières de prêter attention à la respiration. Vous pouvez essayer de prêter continuellement attention à votre respiration ou bien de vous laisser porter par les sensations de la respiration. Essayez de vous intéresser à chaque respiration comme si c'était la première ou la dernière. Voyez si vous pouvez apprécier la qualité sensuelle de la respiration. Laissez-vous absorber par le processus de la respiration. Ressentez de la dévotion et de l'amour pour votre respiration. Prenez conscience des moments où une acceptation compatissante aide au développement de la concentration et de ceux où un effort plus déterminé est plus approprié. A mesure que votre capacité à suivre votre respiration se renforcera, vos préoccupations s'affaibliront et vous serez probablement plus calme, léger et ouvert.

Quand l'esprit est ouvert et spacieux, nous pouvons rencontrer des difficultés sans avoir le sentiment qu'elles nous appartiennent personnellement. Par exemple, voir une douleur physique comme « ma » douleur a tendance à provoquer des sentiments et des idées associés à soi-même, alors que la voir simplement comme « une » douleur peut la rendre beaucoup plus facile à supporter. Il en va de même avec des émotions fortes : si nous ne sommes pas préoccupés par nos interprétations de ce que ces émotions signifient à propos de notre identité personnelle, notre vie émotionnelle devient plus facile.

Dans la pratique de l'attention, la fonction la plus importante de la concentration est de nous aider à garder une attention stable et constante dans le présent de façon à ce que nous puissions voir clairement ce qui est vraiment en train de se passer. Notre expérience vécue dans le présent nous donne accès aux réalisations les plus profondes et à l'éveil. La concentration nous garde dans le présent de manière à ce que l'attention puisse faire son travail.

Vois le monde comme une bulle ;
Vois-le comme un mirage.
Le Roi de la Mort ne voit pas
Celui qui regarde ainsi le monde.
Dhammapada 170

La conscience réceptive

Notre conscience est comme l'air qui nous entoure : nous ne la remarquons que rarement. Elle fonctionne durant toutes nos heures de veille et une certaine forme de conscience peut même continuer durant notre sommeil. Certaines personnes, auxquelles on n'a jamais fait remarquer le fonctionnement de la conscience, ne s'en rendent pas compte. Même quand nous en avons entendu parler, nous considérons facilement cette faculté comme un acquis et nous ne l'apprécions pas à sa juste valeur.

Peut-être que la raison principale pour laquelle nous ne remarquons pas notre conscience est que nous sommes pris dans son contenu, c'est-à-dire que nous sommes préoccupés par ce que nous pensons, ressentons et ce dont nous faisons l'expérience. En général notre vie quotidienne implique de naviguer entre les objets que la conscience reconnaît et qui forment le contenu de notre pensée et de notre faculté de perception. Une part importante de la pratique bouddhiste implique que nous soyons conscients de la seconde moitié de notre faculté de perception : la conscience réceptive elle-même. Nous sommes tous capables de prendre conscience de notre conscience. La méditation nous donne l'occasion de découvrir un état réceptif de connaissance pure et d'y demeurer.

La notion de conscience réceptive est très proche de celle d'une conscience témoin. Les gens qui débutent dans la méditation présument souvent que notre capacité à être témoin de notre expérience signifie qu'il y a quelqu'un qui en est le témoin : un sujet ou un agent personnel, unique et permanent, qui est en nous et qui est ce témoin. Nous avons une forte tendance à avoir une vision dichotomique du monde qui sépare ce qui est perçu de celui qui perçoit. De façon similaire, nous faisons facilement la distinction entre l'auteur d'une action et l'action elle-même : je suis l'auteur de l'action et je fais quelque chose ; je suis l'orateur qui parle. Pour la plupart d'entre nous, l'idée qu'il y a quelqu'un qui perçoit ou qui agit tient simplement du bon sens. Le bouddhisme remet en cause cette hypothèse.

Ces dichotomies sont la fondation de l'édifice immense qu'est le soi. Chez celui qui perçoit, le soi apparaît et agit comme un aimant attirant toutes sortes d'idées préconditionnées par notre culture et qui définissent ce que ce « soi » devrait être. Notre sens du soi peut être étroitement et douloureusement lié à nos conceptions de ce qui est louable, de ce qui est bon et de ce qui est attendu par le monde qui nous entoure.

Souvent, nos émotions résultent directement de la façon dont nous concevons notre « soi. » Si notre image de soi est menacée, nous nous mettons facilement en colère ou nous avons peur. La culpabilité vient souvent du lien que nous établissons entre notre image de soi et les idées que nous avons sur ce qui est bon et mauvais, juste et faux. Aussi bien les louanges que les reproches peuvent nous stimuler quand ils affectent la façon dont nous nous définissons et l'idée que nous nous faisons de nous-mêmes. Et quand leur image du soi n'est ni confortée ni menacée, certaines personnes commencent à s'ennuyer, lassées par les gens qui les entourent ou par la situation dans laquelle elles sont.

Demeurer dans un état de conscience réceptif est l'antidote aux efforts que nous faisons pour construire et défendre notre soi. Au fur et à mesure que cette capacité se développe et que nous commençons à lui faire confiance, l'hypothèse qu'il y a « quelqu'un qui est conscient » se dissipe peu à peu. La conscience de soi diminue. Une telle expérience est parfois appelée une expérience de la conscience nondualiste : la distinction entre soi-même et l'autre, l'intérieur et l'extérieur, ce qui est perçu et celui qui perçoit, disparaît. Il n'y a pas quelqu'un qui est conscient ; il n'y a plus que la conscience et l'expérience qui se déroule dans cette conscience.

Grâce à notre pratique, nous apprenons entre autres à stabiliser notre attention et à développer une conscience simple et réceptive. Nous n'abandonnons pas forcément le monde des idées ou même notre idée du soi. Nous apprenons plutôt à prendre de la distance par rapport à notre vie, à nos idées et à nous-mêmes. Nous demeurons dans une sphère de conscience vaste et compatissante qui est réceptive mais qui ne s'attache pas. De cette manière, notre réponse à tout ce que la vie présente peut venir de notre expérience directe plutôt que de nos idées abstraites et de nos attachements.

Abandonnez ce qui est à venir, abandonnez ce qui est passé,
Et abandonnez ce qui est entre les deux !
Ayant dépassé le devenir avec un esprit libéré de toute chose,
Vous ne subissez plus la naissance et le vieillissement.
Dhammapada 348

L'Eveil – la conscience libérée

Un des aspects les plus délicats du Bouddhisme est l'accent mis sur l'expérience de Nibbana (Pali) ou Nirvana (Sanskrit) – une manière d'appréhender l'expérience qui n'est pas influencée par les circonstances changeantes de la vie. La pratique de l'attention nous aide à avoir une relation honnête et intime avec notre vie. Mais au-delà de cela, l'attention ouvre la possibilité d'une conscience qui ne s'accroche ni ne résiste à rien. Faire l'expérience complète de cette possibilité est parfois appelé Eveil.

Notre conscience est souvent absorbée et contrôlée par les préoccupations liées aux circonstances de la vie telles que, par exemple, notre santé, notre apparence, nos relations sociales, notre sécurité, notre emploi, nos loisirs ou nos opinions. Cependant la vie n'offre aucune garantie de contrôle total de ces circonstances et, si notre bonheur dépend d'elles, nous nous engageons dans un engrenage qui mène à la tristesse. Etre de temps à autre privé de contrôle sur ces circonstances peut être une bénédiction, car nous sommes ainsi mis au défi de découvrir une profondeur d'expérience non dépendante d'elles.

Le Bouddhisme attire notre attention sur l'Eveil pour nous aider à découvrir les aspects de la vie qui sont en général ignorés, particulièrement la conscience inconditionnée et l'amour sans limite. Pratiquer le Bouddhisme, c'est découvrir, apprécier et renforcer notre conscience innée qui est indépendante du gain ou des pertes, des louanges ou des reproches, du plaisir ou de la douleur, du succès ou de l'échec. Se frayer un chemin avec grâce et générosité au milieu des circonstances de la vie est plus facile quand nous avons expérimenté une conscience qui ne s'accroche pas à ces circonstances.

Nous savons que l'espace est difficile à décrire en soi, mais qu'il peut être décrit en faisant référence aux objets qui le délimitent. L'Eveil est encore plus difficile à décrire, car il n'a pas de relation directe avec les expériences subjectives et objectives usuelles. La conscience Eveillée a une transparence très similaire à celle d'une vitre assez propre pour qu'on ne la remarque pas quand on regarde à travers elle. Comme il n'y a plus trace d'avidité, de haine et de peur dans la conscience Eveillée, elle est très similaire à une confiance absolue placée dans la conscience. Comme elle est libérée de toutes les formes de conflits possibles, la conscience Eveillée est parfois qualifiée de paisible. Comme elle ne s'attache à rien, elle célébrée comme étant le portail de la compassion.

Suivre la voie de l'Eveil signifie que nous nous dévouons à l'attention et à l'investigation introspective quoi qu'il advienne ou quoi que nous choisissons de faire. C'est prendre refuge dans l'attention, indépendamment du fait d'être en bonne santé, employé, riche, sans domicile fixe, avec un partenaire, etc. Etre attentif indépendamment des circonstances signifie cultiver son ouverture d'esprit dans toutes les situations et prendre note avec compassion et sans jugement des moments où l'attention se perd ou se fixe de manière obsessionnelle.

Quand l'attention est assez mûre pour que nous soyons revigorés par l'Eveil, alors nous ne considérons plus le monde conditionné comme le centre de notre univers. Toucher à l'inconditionné déclenche l'équivalent pour la conscience d'une révolution Copernicienne. Cela a pour effet de calmer de manière naturelle les fièvres engendrées par les multiples manifestations de l'avidité, de la haine et de l'illusion et le cœur compatissant s'élargit au point, semble-t-il, de tout inclure en lui.

Heureuse est la naissance des Bouddhas ;
  Heureux est l'enseignement de l'excellent Dharma ;
Heureuse est l'harmonie de la Sangha ;
  Heureuse est l'austérité de ceux qui vivent dans l'harmonie.

Dhammapada 194

Prendre refuge

A mesure que notre pratique de la méditation et de l'attention se développe, nous découvrons souvent que nous sommes plus confiants en notre aptitude à faire preuve d'ouverture et de sagesse. Cette confiance suscite à son tour une appréciation grandissante et même un sentiment de dévotion pour les gens et les enseignements qui encouragent cette confiance intérieure. Dans la tradition bouddhiste, ces gens et ces enseignements sont représentés par les « trois joyaux » : le Bouddha, le Dharma et la Sangha. « Prendre refuge », c'est faire le choix conscient d'être soutenu et inspiré par ces trois joyaux.

Prendre refuge dans le Bouddha signifie prendre refuge dans la sagesse et la clarté. Le Bouddha non seulement est un exemple de personne qui a parcouru le chemin jusqu'à la libération, mais il personnifie aussi le plein potentiel d'éveil et de compassion qui existe en chacun de nous.

Prendre refuge dans le Dharma, c'est, en partie, prendre refuge dans les enseignements et les pratiques enseignées par le Bouddha. Cependant, dans un sens plus profond, le Dharma est la conscience merveilleuse et immédiate non obscurcie par l'avidité, la haine et l'illusion.

De manière générale, prendre refuge dans la Sangha signifie prendre refuge dans la communauté des gens qui pratiquent le Bouddhisme. Il peut être stimulant de savoir que d'autres personnes, grâce à leur éthique, leur attention et leur compassion, font tout leur possible pour vivre selon les enseignements du Bouddha. De manière plus spécifique et plus traditionnelle, prendre refuge dans la Sangha, c'est prendre refuge dans la communauté des gens qui ont goûté à la libération, à l'éveil du Bouddha. Bénéficier de l'exemple et des conseils de telles personnes peut nous encourager énormément.

Prendre refuge est un des rituels les plus communs qu'un laïc puisse pratiquer dans le Bouddhisme Theravada. Bien qu'il soit pratiqué régulièrement durant les cérémonies, les retraites ou lors d'une visite au temple, il peut représenter un moment crucial quand, pour la première fois, nous prenons refuge avec l'intention consciente d'orienter notre vie selon nos valeurs et nos aspirations les plus profondes. Lier notre pratique au Bouddha, au Dharma et à la Sangha nous aide à nous assurer que notre pratique ne se limite pas à des préoccupations intellectuelles ou à des problèmes de thérapie individuelle. Ce lien renforce la base de confiance et de respect sur laquelle la pratique peut se développer.

Ne fréquentez pas de mauvais amis,
Ne fréquentez pas des gens médiocres.
Fréquentez des amis vertueux,
Fréquentez des gens excellents.

Dhammapada 78

Le joyau de la Sangha

La pratique bouddhiste est soutenue et entretenue par la communauté des pratiquants. Cette idée se fonde sur l'idée que la Sangha est un des trois Joyaux qui renforcent la pratique d'un individu. Bien que le Bouddha, le Dharma et la Sangha aient la même importance en tant que soutiens et refuges, les deux premiers Joyaux sont plus souvent mis en avant par les milieux du bouddhisme américain. Les gens ont tendance à être beaucoup plus intéressés par l'Eveil, la pratique et les enseignements que par le rôle important tenu par la communauté dans la vie d'un pratiquant.

La pratique et les enseignements Vipassana ont mis environ trente ans pour s'établir en Occident. Je pense qu'un des prochains développements majeurs pour le mouvement Vipassana américain sera un sentiment communautaire plus fort. Nous ne devrions pas lui accorder trop d'importance, mais trouver un équilibre avec le Bouddha et le Dharma. De même que tous les pieds d'un trépied sont essentiels, chacun des Joyaux est nécessaire.

Pratiquer seul se révéler très difficile. La pratique spirituelle change souvent nos valeurs et nos priorités. Les valeurs de contentement, de paix, de générosité, d'amour et de compassion qui résultent souvent de la pratique peuvent entrer en conflit avec les valeurs de consumérisme, d'ambition, d'égoïsme et d'insensibilité courantes dans la culture de masse. Une communauté apporte un soutient mutuel aux pratiquants et leur permet de vivre selon d'autres valeurs, des valeurs spirituelles.

Par ailleurs, quand nous développons notre pratique spirituelle dans une communauté, celle-ci devient un miroir, car nous nous comprenons mieux grâce aux relations que nous entretenons avec les autres pratiquants. Ma motivation principale à vivre dans une communauté bouddhiste était de bénéficier de cet effet de miroir, particulièrement de la part des pratiquants plus avancés que moi. Les pratiquants n'encourageaient pas ni ne participaient aux réactions émotionnelles et égoïstes que j'exprimais, alors que beaucoup de mes amis le faisaient. Et comme ils ne participaient pas, je pouvais voir plus clairement ce que j'étais en train de faire.

Mes premières années de pratique passées dans une communauté bouddhiste furent également précieuses en raison des exemples fréquents de personnes exprimant de la compassion et de la bonté. Ces exemples étaient des leçons concrètes qui m'ont montré que je pouvais faire de même.

Bien entendu, d'autres communautés en dehors des communautés bouddhistes peuvent fournir cet effet de miroir et ce modèle de comportement. Cependant, la ferveur montrée par une communauté bouddhiste à vivre selon ces principes est peut-être bien différente de celle de la plupart des autres groupes. Une Sangha est une communauté dans laquelle n'importe qui peut venir et pratiquer. Si nous entrons en conflit avec quelqu'un ou si nous n'aimons pas ce qu'il a dit ou fait, nous ne bannissons pas cette personne de la communauté. Nous essayons plutôt d'examiner consciemment le conflit. Nous essayons d'identifier nos attachements, nos peurs, nos projections et notre confusion. Nous cherchons à nous réconcilier et à trouver, avec sagesse, comment nous respecter les uns les autres et comment accepter nos différences. Ce profond désir d'inclure les autres signifie qu'une Sangha est, ou aspire à être, une communauté sûre dans laquelle chacun peut être en accord avec soi, ce qui est une condition préalable pour effectuer le travail en profondeur requis par la pratique bouddhiste.

Pour la même raison, la Sangha est aussi un lieu sûr pour essayer de nouveaux comportements. Comme la pratique nous aide à nous libérer de nos insécurités et de nos comportements automatiques, la Sangha peut devenir, par exemple, un endroit où les gens qui parlent sans arrêt peuvent essayer de moins parler et où les gens qui sont plus inhibés ont l'occasion d'essayer de parler avec plus de conviction.

Bien que pratiquer en groupe puisse être très bénéfique, nous devons être conscients des problèmes éventuels. Dès qu'un groupe de gens forment une communauté, une culture se développe et les cultures ont toujours des angles morts ou des « ombres. » Si vous évitez de vous engager dans une communauté à cause de sa part d'ombre, aucune communauté ne sera jamais adéquate pour vous. Si vous ne voyez que la part d'une communauté mise en lumière, vous ne vous rendez pas service. Il en est de même si vous ne voyez que la part d'ombre. La pratique bouddhiste vise entre autre à éclairer l'ombre, afin d'établir un équilibre avec la lumière. Sans une pratique honnête, la part d'ombre d'une culture peut rester cachée.

Par exemple, une « ombre » fréquemment présente dans les communautés bouddhistes est celle de la colère. Cela est dû pour beaucoup aux valeurs bouddhistes de bonté et de compassion. Plus une culture attache de la valeur à la bonté et à la compassion, plus la colère et l'hostilité seront repoussées dans l'ombre. Les gens ne montreront qu'avec réticence ce côté de leur personnalité aux autres, et parfois même à eux-mêmes. La pratique de l'attention est l'antidote aux ombres cachées. Plus nous devenons présents pour notre corps, nos sentiments et nos pensées, plus nous devenons également honnêtes à propos de notre vie intérieure et de celle que nous partageons avec autrui.

La vie est faite de rencontres et nous apprenons à nous connaître par l'entremise de ces rencontres. Par le biais de notre pratique bouddhiste, nous observons ce que nous apportons à chacune de ces rencontres. De quelle façon permettons-nous aux autres de nous approcher et comment les approchons-nous ? Méditer, se centrer sur soi-même pour se stabiliser, puis rencontrer le monde avec cette stabilité est merveilleux. Une communauté pratiquante est un endroit où nous pouvons apprendre à incorporer cette stabilité dans le reste de notre vie.

La vigilance est le chemin qui mène à l'immortalité.
La négligence le chemin qui mène à la mort.
Les vigilants ne meurent pas,
  Les inattentifs sont comme déjà morts.

Dhammapada 21

L'interrogation comme pratique

La première question que je posai à un enseignant bouddhiste fut : « Quel effort dois-je fournir pour pratiquer la méditation zen ? ». Il me demanda en retour : « Qui fait cet effort ? ». Je ne compris pas le sens de sa réponse ; la conversation se termina aussitôt. Après avoir réfléchi longuement à cet échange, je conclus que j'allais devoir répondre à ma question et à la sienne par moi-même. Par là-même, je découvris que certaines questions spirituelles ne peuvent obtenir de réponse qu'à travers notre expérience directe et personnelle.

Au fil des ans, une série de questions similaires motivèrent et dirigèrent ma pratique. Les débuts de ma pratique Zen furent stimulés par une question du genre : « Comment puis-je être seul en compagnie des autres ? ». Autrement dit, comment puis-je interagir dans un contexte social sans peur et sans ego ? Cette question prit de l'importance après une période de solitude durant laquelle je découvris une liberté et une paix qui surpassaient tout ce que j'avais connu auparavant. Cette question me poussa à explorer continuellement et à pratiquer dans la vie en société au lieu de me tourner vers la solitude pour résoudre mes difficultés dans le monde.

Plus tard, une autre question orienta ma pratique Zen : « Comment puis-je être pleinement au cœur du sujet ? » Autrement dit, comment puis-je surmonter ma tendance à ne pas m'investir à fond et à me sentir séparé de tout ce que je fais, que ce soit en méditant sur la respiration ou en éminçant des légumes. Cette question s'avéra être une voie d'exploration très utile, car elle m'aida à concentrer ma pratique sur ce qui se passait plutôt que sur mes idéaux, mes espoirs ou mes préoccupations personnelles. Je ne me tournai pas vers mes enseignants pour trouver une réponse à ces questions. On ne peut pas donner des réponses toutes faites à ces questions. Dans chaque situation, on doit y répondre à nouveau.

Richard Baker-Roshi, un de mes premiers enseignants Zen, encourageait ses étudiants à réfléchir longuement à leurs soucis et à leurs questions jusqu'à ce qu'ils trouvent leur « noyau. » Avant de demander conseil, beaucoup d'entre nous avaient tendance à faire de longs discours sur leur vie ou leurs relations personnelles. Ou nous posions des questions abstraites à propos de la philosophie bouddhiste. Baker-Roshi nous incitait à creuser ces questions afin de trouver l'identification, l'intention ou le point de vue sur lequel elles reposaient. Par exemple, j'occupais un jour le poste de chef de cuisine dans un monastère et mes relations avec mon équipe étaient difficiles. Je ne me suis pas précipité vers un enseignant pour lui parler de mes problèmes et lui demander conseil. Au contraire je suis resté avec mes tensions intérieures jusqu'au moment où j'ai réalisé que je contribuais à ces tensions par mon désir, motivé par la peur, de plaire à tout le monde, en toutes circonstances. Ayant réalisé cela, j'ai découvert qu'il était plus productif d'accepter ce besoin de plaire plutôt que de changer mes relations extérieures. Et dans ce processus de nouvelles questions précisèrent ma recherche : « Qui est le soi qui veut être aimé ? » et « Qui est le soi qui a peur ? » A cette époque, je ne savais pas comment répondre à ces questions. Cependant, tout comme la première réplique – « Qui fait cet effort ? » – ces questions me motivèrent à continuer ma pratique.

Souvent, en présence d'une question essentielle, plus le calme atteint grâce à la méditation est profond, plus il est probable qu'une solution viendra de l'intérieur. J'ai fait cette expérience quand je me demandais si je devrais commencer une maîtrise ou entrer dans un monastère bouddhiste. Quand, sans réflexions intellectuelles, je consacrai toute mon attention à mon malaise et à ma lutte intérieure, je fus surpris par la clarté remarquable de la décision d'entrer au monastère qui s'imposa à moi.

Plus tard en Birmanie, des questions clés ont continué à stimuler ma pratique intensive de la méditation Vipassana. L'une d'elles était : « Comment peut-on pratiquer à fond ? ». Une autre était la question classique : « Qu'est-ce que le soi ? » – une version condensée de « Qui fait cet effort ? » et de « Qui est le soi qui a peur ? ». Comme si elles avaient une propre volonté, ces questions m'incitèrent à rediriger constamment mon attention de mes préoccupations à mon investigation. Sayadaw U Pandita, mon maître Vipassana, renforça cette approche. Il poussait rigoureusement ses étudiants à examiner leur expérience directe plutôt qu'à poser des questions existentielles abstraites. Il insistait, étant très confiant dans le fait que nous pouvions découvrir les moyens de devenir plus éveillés et plus libres en examinant notre expérience en profondeur et avec lucidité. La seule question qui semblait appropriée et universelle était : « Qu'est-ce que c'est que cela ? ». Nous devions développer une faculté d'examen ininterrompue et détendue, de façon à discerner de plus en plus profondément les détails de notre expérience dans le moment présent.

En pratiquant ainsi, j'ai découvert qu'il m'était utile de retourner la question « Qu'est-ce que c'est que cela ? » vers la propriété de la conscience qui connaît ou examine. Tourner l'attention sur elle-même de cette façon peut être très fructueux. Cela peut mettre en évidence tout attachement, toute aversion ou complaisance qui se serait insinuée dans notre manière de pratiquer. Peut-être plus important encore, cela peut révéler la vacuité du concept de soi, c'est-à-dire de toutes les conceptions qui supposent un soi ou un sujet connaissant qui vit une expérience.

La valeur fondamentale de l'interrogation dans la pratique bouddhiste est de renforcer notre confiance, notre équanimité et notre capacité à rester ouverts en toutes circonstances. Et quand l'équanimité est devenue mature grâce à la méditation, une simple question, une ouverture à des possibilités inconnues, peut parfois rompre les derniers liens qui nous rattachent au monde conditionné, ce qui nous mène vers une plus grande liberté.

Ce n'est pas en faisant du mal à des êtres vivants
  Qu'on est un « Noble ».
C'est en étant inoffensif envers tous les êtres vivants
  Qu'on est reconnu comme un « Noble ».
Dhammapada 270

Notre réponse face aux tragédies

On trouve au cœur du Bouddhisme aussi bien le réalisme que l'optimisme. Le réalisme implique une reconnaissance honnête et constante de la souffrance et de la violence dans le monde. Elles existaient au temps du Bouddha et elles continuent à exister dans le monde actuel. L'optimisme vient quand nous comprenons qu'il est possible de soulager la souffrance et de calmer la violence. De fait, nous pouvons bannir de notre cœur les influences nocives de l'avidité, de la haine et de l'illusion. Nous pouvons les remplacer par la paix, la bonté bienveillante et la compassion. Il est important dans la pratique bouddhiste d'être à la fois réaliste et optimiste. Le réalisme seul mène au désespoir. L'optimisme seul empêche de voir le bienfondé d'une pratique spirituelle.

Face à d'inimaginables tragédies, à la violence et à la haine, il nous faut reconnaître honnêtement notre propre peur, notre confusion et notre colère. La peur ignorée cause plus de peur ; ne pas admettre sa confusion suscite plus de confusion ; ne pas faire face à sa colère engendre plus de colère. Quand nous développons notre attention pour reconnaître ces trois émotions nous apprenons à nous libérer de leur emprise.

C'est un processus lent et graduel. Mais plus nous nous libérons, plus nous sommes capables d'organiser notre vie selon nos meilleures intentions. L'intention d'être gentil, compatissant, serviable, heureux et libéré est l'une des plus belles que nous puissions avoir en tant qu'êtres humains.

Ces qualités ne sont pas un luxe. Elles ne sont pas facultatives. Nous devons être capables de faire appel à elles quand nous répondons aux pleurs du monde qui nous entoure.

L'optimisme du Bouddhisme vient du fait que nous pouvons avoir une influence positive sur le monde qui nous entoure. Nos pensées, nos paroles et nos actes d'empathie, d'amour, de bienveillance sont les forces nécessaires pour contrer la haine, la violence et le désespoir. Notre propre exemple et nos efforts pour trouver une paix intérieure peuvent initier un changement bénéfique chez les personnes qui ignorent cette possibilité.

L'histoire du Bouddhisme offre beaucoup d'exemples qui montrent combien la présence paisible d'une personne peut avoir de l'influence. Quand le prince Siddhârta fut accablé par sa prise de conscience de la maladie, de la vieillesse et de la mort, c'est la vue d'un moine paisible qui l'inspira dans sa quête spirituelle qui devait culminer par son éveil en tant que Bouddha.

Une histoire particulièrement dramatique concerne la conversion du violent roi Ashoka qui avait décidé de conquérir autant de territoires indiens que possible au IIIe s. av. JC. Ses propres paroles, qui nous sont parvenues grâce aux pierres qu'il avait fait graver, racontent son horreur face au carnage et aux 100'000 morts qui lui avaient permis de gagner une bataille. Alors qu'il se tenait debout, accablé de douleur, au milieu du champ de bataille, un moine bouddhiste passa par là, seul ; il émanait de lui une telle paix intérieure et un tel éclat que le roi lui demanda de lui dispenser des enseignements. A cause de son propre désespoir, de la sérénité du moine et des enseignements, le roi renonça à la conquête, à la violence et à la peine de mort. Il garda son armée pour la défense de son royaume, mais il réorienta ses efforts vers le développement social et spirituel de ses sujets.

Nous ne savons pas quels enseignements Ashoka reçut du moine. Le Bouddha parlait beaucoup de la violence et de la haine ; peut-être que le moine répéta ces vers du Bouddha :

La haine n'est jamais apaisée par la haine.
   Par la non-haine seule elle est apaisée.
   Ceci est une vérité éternelle.
La victoire donne naissance à la haine ;
   Le perdant dort tourmenté,

Abandonnant aussi bien la victoire que la défaite,
  Celui qui va en paix dort réjoui.
Tous tremblent face à la violence :
  Tous ont peur de la mort.
Après avoir comparé les autres à vous-même,
  Ne tuez pas ou n'amenez pas les autres à tuer.
Si vous passiez en revue le monde entier
  Vous ne trouveriez personne qui vous soit plus cher
  que vous-mêmes.
Comme c'est à lui-même que chacun est le plus cher,
  Que ceux qui s'aiment ne fassent pas de mal à qui
  que ce soit.
La personne qui jour et nuit
  Se délecte dans la non-violence,
Et qui est bienveillant envers tous les êtres,
  Est celle qui n'a pas de haine pour qui que ce soit.

Les enseignements bouddhistes nous disent que face à la souffrance du monde deux bonnes réponses sont à notre disposition. L'une d'elles est la compassion. Celle-ci peut engendrer une extraordinaire motivation d'améliorer le monde. Je crois que la compassion est une motivation plus efficace que l'aversion.

L'autre réponse est appelée *samvega*, qui signifie « passion pour la pratique. » Notre contact avec la souffrance nous aide à trouver la motivation d'accepter notre propre souffrance et de trouver la liberté pour nous-mêmes et pour les autres. Les deux réponses contribuent à la paix.

Puissions-nous rester confiants dans notre capacité à faire une différence par notre attitude.

Appendice

Theravada – La voie de la libération

« Theravada » - littéralement l'« Enseignement des Anciens »- est une tradition Bouddhiste ancienne qui est à la source de pratiques et d'enseignements sur la sagesse, l'amour et la libération depuis plus de deux mille ans. La libération, le thème essentiel dont cette tradition dépend, est une vision des choses et une participation « aux choses telles qu'elles sont » : le monde dans lequel on vit quand il est vu sans les filtres de l'avidité, de la haine et de l'illusion.

Utilisant l'immédiateté éternelle et omniprésente des « choses telles qu'elles sont » comme point de référence central, la tradition theravadine est une tradition dynamique et riche qui évolue en réponse aux circonstances personnelles, historiques et culturelles de ceux qui en font partie. Il y a plus de cent millions de bouddhistes theravadins aujourd'hui au Sri Lanka et en Asie du sud-est. De nos jours, les pays theravadins les plus influents sont la Birmanie (Myanmar), la Thaïlande, et le Sri Lanka. C'est de ces pays que la tradition a migré vers l'Occident.

Le bouddhisme theravada en Amérique du Nord

Depuis les années 1960, la tradition theravadine s'est établie lentement mais sûrement en Amérique du Nord. Deux moments décisifs ont contribué à son établissement : La fondation en 1966 du premier vihara - temple monastique - bouddhiste américain par la communauté bouddhiste sri-lankaise à Washington D.C., et, dix ans plus tard, la création du centre de méditation Vipassana à Barre, au Massachusetts, connu sous le nom de l'Insight Meditation Society (IMS). Ces deux centres représentent les deux formes divergentes et distinctes que le bouddhisme theravada a prises en Amérique du Nord. D'un côté se trouvent les traditions et les temples, axés sur les ordres monastiques, des groupes d'immigrants de l'Asie du sud-est. De l'autre se trouve le mouvement Vipassana, laïque et principalement composé d'Américains de descendance européenne. La première forme a tendance à être plutôt conservatrice et reproduit les divers types de bouddhisme trouvés dans leurs pays d'origine. La deuxième a suivi une approche plus libérale et plus expérimentale pour essayer de trouver comment adapter le bouddhisme theravada dans un environnement laïque américain.

La forme la plus récente du bouddhisme theravada ne rentre dans aucune des catégories mentionnées. Elle est représentée par les centres monastiques qui sont gérés et soutenus principalement par des Américains de descendance européenne. Un exemple en est le monastère Abhayagiri, fondé par Ajahn Amaro en 1996 dans la Redwood Valley, en Californie. De plus, deux autres centres monastiques – Metta Forest Monastery à San Diego en Californie et la Bhavana Society à High View en Virgine-Occidentale – donnent l'occasion à des Occidentaux de s'adonner à des pratiques monacales tout en restant fermement liés à leurs communautés asiatiques traditionnelles. Ces centres pourraient bien être à l'origine d'une version américaine du monachisme theravadin.

Considéré comme étant un mode de vie idéal pour l'étude, pour la pratique, pour l'aide à son prochain et pour la purification du cœur, le monachisme est depuis longtemps une des fondations de la tradition theravadine. Cependant, au XXe siècle, surtout en Occident, les laïcs ont toujours plus accès à l'ensemble des pratiques méditatives theravadines. Ainsi, le monachisme n'est plus vu comme étant le seul porteur de la tradition, même s'il en demeure l'un des piliers et qu'il assure son maintien.

Bien qu'il soit trop tôt pour dire à quoi le bouddhisme theravada américain finira par ressembler, il présentera probablement une diversité au moins aussi grande que dans sa patrie du sud-est asiatique. Peut-être qu'il étendra même les limites qui l'ont traditionnellement défini.

Enseignements de base

Le Bouddha encourageait les gens à ne pas croire aveuglément mais à « venir et voir » par eux-mêmes. Par conséquent, son enseignement met l'accent sur la pratique plutôt que sur les croyances ou la doctrine. Dans cet esprit, un grand nombre de pratiques theravadines sont des pratiques de l'attention[9], simples en elles-mêmes mais profondes lorsqu'elles sont appliquées d'une manière soutenue. De plus, ces enseignements contiennent aussi des pratiques qui aident à renforcer la générosité, l'aide à son prochain, l'éthique, la bonté, la compassion et à développer un moyen d'existence judicieux. Ces pratiques encouragent le développement d'un cœur éveillé et libéré et nous aident à vivre avec sagesse et compassion.

Les pratiques et les enseignements de la tradition theravadine remontent au Bouddha historique. Bien que le Bouddha soit l'objet d'une profonde vénération, la tradition a conservé l'idée à travers les siècles que le Bouddha était humain, quelqu'un qui a montré le chemin de pratique aux autres. L'école theravadine a conservé la plupart des enseignements du Bouddha dans de larges recueils, appelés Suttas, écrits en pali, l'équivalent theravadin du latin de l'église chrétienne. Ces textes remarquables contiennent des descriptions et des enseignements approfondis et hautement vénérés sur la pratique, l'éthique, la psychologie et la vie spirituelle. Y est inclus un avertissement important qui nous encourage d'un côté à ne pas renoncer à notre propre jugement en faveur de la tradition et de ses textes et, de l'autre à ne pas simplement suivre notre propre jugement sans écouter l'opinion des autres. Dans le *Kalama Sutta*, le Bouddha décrit comment décider de la vérité ou de la fausseté d'un enseignement spirituel :

Venez, ô Kalamas, ne vous laissez pas guider par des rapports, ni par la tradition religieuse, ni par ce que vous avez entendu dire. Ne vous laissez pas guider par l'autorité des textes religieux, ni par la simple logique ou les allégations, ni par les apparences, ni par la spéculation sur des opinions, ni par des vraisemblances probables, ni par la pensée que « ce religieux est notre maître spirituel ».

Cependant, ô Kalamas, lorsque vous savez vous-mêmes que certaines choses sont défavorables, que telles choses blâmables sont condamnées par les sages et que, lorsqu'on

---

[9] Ndt – aussi connues sont le nom de « pratiques de vision profonde. »

les met en pratique, ces choses conduisent au mal et au malheur, abandonnez-les.

Cependant, ô Kalamas, lorsque vous savez vous-mêmes que certaines choses sont favorables, que ces choses louables sont pratiquées par les sages, que, lorsqu'on les met en pratique, elles conduisent au bien et au bonheur, pénétrez-vous de telles choses et pratiquez-les.[10]

Une raison fondamentale pour laquelle le Bouddha a choisi un critère tellement pragmatique pour distinguer une vérité spirituelle d'un mensonge est qu'il ne montrait guère d'intérêt pour l'établissement de vérités métaphysiques. Il était plus intéressé à montrer comment passer de la souffrance à la délivrance de celle-ci, de la souffrance à la libération. Ainsi, la doctrine principale de la tradition theravadine est celle des « Quatre Nobles Vérités. » Ici, le mot « Vérités » désigne ce qui est vrai ou utile d'un point de vue spirituel ou thérapeutique. Les Quatre Nobles Vérités sont :

1. La souffrance existe.
2. La cause de la souffrance est le désir insatiable.
3. La cessation de la souffrance est possible.
4. La cessation de la souffrance peut être atteinte en suivant le Noble Chemin Octuple.

Ici, la souffrance (*dukkha* en pali) ne fait pas référence à la douleur physique ou empathique, une condition que nous ne pouvons pas éviter. Elle désigne plutôt l'insatisfaction et la tension que nous ajoutons à notre vie à cause de nos attachements. Les deux premières nobles vérités sont un appel à admettre aussi bien notre souffrance que les maints aspects de nos attachements et de nos aversions qui forment le désir insatiable sous-jacent. C'est une des raisons pour lesquelles la tradition theravadine met l'accent sur des pratiques de l'attention qui nous aident à reconnaître ce fait. Les troisièmes et quatrièmes nobles vérités signalent qu'il est possible de

---

[10] Source de cette traduction : fr.wikisource.org. « Sermons du Bouddha - Chapitre 1 : L'accès aux libres examens (KALAMA-SUTTA). » Contenu disponible sous « GNU Free Documentation License »

mettre fin à cette souffrance dérivée de nos attachements et de vivre avec un cœur libéré.

La libération de la souffrance dérivée de nos attachements est désignée par le terme de *nibbana* (*nirvana* en Sanskrit), communément traduit par « éveil » ou « illumination. » La tradition theravadine décrit parfois *nibbana* comme étant une forme de grand bonheur ou de paix, mais il est plus courant de voir *nibbana* défini simplement comme l'absence complète d'attachement ou de désir insatiable. Le recours à une définition négative provient tout d'abord du fait que *nibbana* est si radicalement différent de ce qui peut être décrit par le langage qu'il vaut mieux ne pas essayer. De plus, cette tradition nous incite à renoncer à une idée précise de ce qu'est l'éveil ou à de vaines spéculations philosophiques ou métaphysiques. En fait, une part de la beauté des Quatre Nobles Vérités est qu'elles nous guident dans notre vie spirituelle sans que nous ayons besoin d'adhérer à des croyances dogmatiques.

Le Chemin Octuple

La quatrième Noble Vérité décrit une série de mesures, le Noble Chemin Octuple, que nous pouvons suivre pour nous défaire de nos attachements :

1. La Compréhension Juste
2. L'Intention Juste
3. La Parole Juste
4. L'Action Juste
5. Les Moyens d'Existence Justes
6. L'Effort Juste
7. L'Attention Juste
8. La Concentration Juste

Ces huit composantes du chemin sont souvent organisées en trois catégories : la sagesse, l'éthique et la méditation (*pañña*, *sila* et *samadhi*.)

La sagesse comprend la Compréhension Juste et l'Intention Juste. Elle débute par une connaissance de nous-mêmes qui soit assez bonne pour que notre pratique soit motivée par notre compréhension des Quatre Nobles Vérités et la manière dont elles s'appliquent à notre situation personnelle.

L'éthique comprend la Parole Juste, l'Action Juste et les Moyens d'Existence Justes. Le bouddhisme theravada enseigne qu'il ne nous est pas possible de cultiver un cœur ouvert et confiant qui ne s'accroche à rien si notre comportement est motivé par l'avidité, la haine ou l'illusion. Un moyen efficace de développer et fortifier un cœur éveillé est d'aligner nos actions avec les valeurs de générosité, de bonté, de compassion et d'honnêteté.

Et finalement la formation à la pratique de l'attention comprend l'Effort Juste, l'Attention Juste et la Concentration Juste. Nous apprenons à clarifier et stabiliser notre attention grâce à un effort qui n'est ni tendu ni lâche, de façon à avoir une vision profonde la vie. Cela aide aussi à renoncer à l'attachement.

Une formation graduelle

Dans les suttas, le Bouddha décrit souvent une formation graduelle pour cultiver son développement spirituel (par exemple le *Samaññaphala Sutta* dans le *Digha Nikaya* et le *Ganakamoggallana Sutta* dans le *Majjhima Nikaya*.) Cette formation passe progressivement du développement de la générosité à l'éthique, à des pratiques de l'attention, à la concentration, à la réalisation et, finalement, à la libération. La formation graduelle est un développement des trois catégories du chemin octuple : la générosité et l'éthique sont incluses dans *sila*, les pratiques de la méditation dans *samadhi* et la réalisation et la libération dans *pañña*. Bien que cette formation graduelle soit souvent présentée de façon linéaire, elle peut aussi être vue d'une manière non-linéaire et devient dans ce cas une description utile des éléments importants du chemin spirituel que différentes personnes développeront à des moments différents. Les Occidentaux qui commencent à pratiquer dans la tradition theravadine sautent souvent les premières étapes de cette progression. Ils se concentrent tout d'abord sur les pratiques de pleine conscience, plus particulièrement sur les pratiques de l'attention. Bien qu'il puisse y avoir de bonnes raisons pour procéder ainsi en Occident, en commençant par l'attention, nous risquons de ne pas cultiver les qualités psychologiquement saines de cœur et d'esprit qui en sont la fondation. De plus, en commençant avec la pratique de l'attention, nous risquons d'oublier le fait qu'aussi bien le cœur qui est entrain de s'éveiller que le cœur éveilllé peut s'exprimer dans l'aide aux autres.

La générosité

La formation theravadine traditionnelle commence avec *sila* et le développement de la générosité (*dana*). Dans sa forme la plus pure, la pratique de *dana* n'est motivée ni par des idées moralisatrices de ce qui est juste ou faux ni par l'espoir de gains ultérieurs. L'intention de cette pratique est de renforcer notre capacité à être sensible et généreux de manière appropriée dans toutes les situations.

Lorsque la générosité se développe, elle devient une force fondée sur une ouverture intérieure. Celle-ci soutient alors les pratiques de l'attention qui sont plus difficiles. En révélant nos attachements, la pratique de la générosité nous aide à nous rendre compte de quelle manière les Quatre Nobles Vérités s'appliquent à notre vie. La générosité nous rapproche des autres, affaiblissant la tendance à l'égocentrisme dans notre vie spirituelle.

L'éthique

De là, la formation graduelle étend *sila* pour inclure l'éthique. Celle-ci est parfois décrite comme étant le développement du contentement, car les transgressions éthiques résultent souvent de notre mécontentement. La formation éthique d'un laïc consiste à apprendre à vivre selon les cinq préceptes :

- S'abstenir de tuer des êtres vivants
- S'abstenir de voler ou de prendre ce qui n'est pas donné
- S'abstenir de comportements sexuels nuisibles
- S'abstenir de mentir
- S'abstenir de consommer de l'alcool ou des drogues qui nous amènent à devenir négligents ou insouciants.

Les préceptes ne sont pas des commandements moralisateurs, mais des lignes de conduite que nous pouvons développer. Ils sont enseignés parce qu'ils encouragent la retenue, le contentement, l'honnêteté, la clarté et le respect de la vie. Ils engendrent aussi un lien positif aux autres et aux diverses formes de vie. Nous progressons plus facilement le long du chemin du non-attachement quand nos relations sont claires.

La tradition theravadine préconise le développement de quatre attitudes chaleureuses qui sont connues sont le nom de « demeures divines » (*brahmaviharas*) : la bonté bienveillante, la compassion, la joie sympathisante et l'équanimité. La bonté bienveillante est une gentillesse ou un amour altruiste qui désire le bien et le bonheur pour soi-même et pour tous. La compassion et la joie sympathisante, expressions complémentaires de la bonté bienveillante, demandent qu'on partage la souffrance et la joie des autres, mais sans s'y attacher d'une manière ou d'une autre. L'équanimité est une attitude impartiale, ferme et équilibrée face à tout ce qui se produit, en particulier dans les situations où nous ne pouvons pas aider les autres ou nous aider nous-mêmes. Généralement, les Bouddhistes theravadins emploient ces attitudes comme guides pour vivre en relation aux autres de la manière la plus adéquate.

La méditation

Une fois que les fondations de la générosité et de l'éthique sont établies, la formation graduelle passe au développement de la méditation. Le bouddhisme Theravada possède un large répertoire de pratiques méditatives, allant de diverses formes de méditation formelle assise et en marchant jusqu'au développement de l'attention dans les activités journalières. Ces pratiques méditatives sont en général divisées en deux catégories : celles qui développent la concentration et celles qui développent l'attention.

Les pratiques qui augmentent la concentration mettent l'accent sur le développement d'une focalisation stable, fixe et pointue de l'esprit sur des objets comme la respiration, un mantra, une image visuelle ou un thème comme la bonté bienveillante. Des états de forte concentration ont tendance à causer des états psychologiques de bien-être et de complétude qui sont temporaires mais utiles. La bonté bienveillante (*metta* en Pali) est un thème particulièrement utile pour la concentration car c'est l'antidote traditionnel pour toutes les formes d'aversion et d'autocritique. De plus, elle aide à cultiver une attitude de gentillesse qui peut soutenir les autres pratiques de l'attention.

L'attention est le développement d'une conscience vigilante et alerte des événements qui se déroulent dans le moment présent. Aussi bien dans la pratique de la concentration que dans celle de l'attention, la conscience alerte est stabilisée dans le présent. La pratique de la concentration consiste à diriger l'attention d'une manière contrôlée sur un seul objet, à l'exclusion de tout autre. En revanche, la pratique de l'attention développe une conscience inclusive, qui parfois même ne s'arrête sur aucun objet, et qui note tout ce qui se présente dans notre expérience. C'est une conscience tolérante qui clarifie nos sentiments, nos pensées, nos motivations, nos attitudes et nos réactions. Ce genre de conscience nous aide à développer la compassion et l'équanimité, qui tous deux soutiennent notre cheminement vers la libération.

Aujourd'hui, la forme la plus commune de méditation theravadine enseignée aux Etats-Unis est la pratique de l'attention. C'est une forme d'attention dérivée des enseignements du Bouddha, conservés dans un texte sacré appelé *Le sutta sur les quatre fondements de l'attention.* Les quatre fondements – le corps (qui comprend la respiration), la tonalité affective[11] (*vedana*), les états mentaux et les dhammas (en Sanskrit, *dharmas,* qui désignent les processus psychologiques et les réalisations qui sont liés au développement de la conscience libérée) – sont les quatre domaines de notre expérience dans lesquels l'attention est développée.

Réalisation et Libération

La sagesse, ou *pañña*, commence à croître quand les fondations de *sila* et *samadhi* sont en place. La pratique clé du bouddhisme theravada qui mène à la réalisation et à la

---

[11] Ndt. Vedana, souvent traduit en français par *sensation*, est la tonalité affective liée à tout objet de perception ; elle prend les valeurs suivantes : agréable, désagréable ou neutre.

libération est celle de l'attention, parfois soutenue par des exercices de concentration. L'attention cultive un fond de confiance et d'acceptation qui nous permet de nous ouvrir à tout ce que la vie intérieure et extérieure nous apporte. Bien que ce processus conduise à une profonde connaissance de soi, c'est cette ouverture confiante, ou cette non-résistance, qui est en elle-même la porte qui mène à la libération, comprise dans le bouddhisme theravadin comme étant la cessation de tout attachement. La beauté de l'attention réside en partie dans le fait que chaque pur moment d'attention est en lui-même un moment de non-attachement, et en tant que tel, une petite goutte de liberté.

Quand l'attention s'accroît, elle mène directement à trois réalisations que le Bouddha a appelé les trois caractéristiques de toute expérience, à savoir que notre expérience est impermanente, insatisfaisante et sans soi.

Toute chose est impermanente, y compris la manière dont nous nous percevons ou dont nous percevons le monde. Comme nos expériences changent tout le temps, elles sont par nature insatisfaisantes comme source de sécurité ou d'identité permanente. Quand nous comprenons qu'elles ne nous offrent pas une satisfaction durable, nous réalisons aussi que tout ce que nous expérimentons – pensées, sentiments, notre corps, notre conscience – n'appartient pas à un quelconque « soi » fixe et autonome.

Parfois ces réalisations provoquent de la peur, mais au fur et à mesure que notre pratique de l'attention mûrit, nous réalisons que nous pouvons fonctionner sans problème dans le monde, sans besoin de s'accrocher ou de s'attacher à quoi que ce soit. Ces réalisations fondamentales qui dérivent de la pratique de l'attention nous aident à développer une confiance et une équanimité solide au sein même de notre vie. La croissance de cette confiance diminue notre besoin de nous accrocher à chaque expérience. Finalement, les causes les plus profondes de notre attachement – l'avidité, la haine et l'illusion – se révèlent d'elles-mêmes et le monde de la libération s'ouvre.

Le fruit de cette libération est, dans un sens, la capacité de vivre sans projeter sur le monde qui nous entoure nos attachements, nos peurs, nos envies et nos dégoûts. C'est de voir le monde « des choses telles qu'elles sont. » Si le relâchement de notre attachement est assez profond, nous réalisons la présence directe et immédiate de Nibbana (ou Nirvana en Sanskrit), un mot qui fait référence, dans le bouddhisme theravada, à l'expérience constante et intemporelle de la libération.

Service

Dans un sens, la formation graduelle se termine avec la libération. La libération est la source d'une compassion et d'une sagesse qui s'expriment sans attachement égoïste et sans identification. Tant que notre compassion ne s'est pas développée, alors notre formation est incomplète. Pour certains, le sous-produit de la libération et de la compassion est le désir de rendre service aux autres. Celui-ci peut s'exprimer d'innombrables manières, comme aider un voisin en difficulté, choisir de travailler dans une profession du secteur médico-social ou d'enseigner le Dharma. Avant d'envoyer dans le monde ses soixante premiers disciples éveillés pour enseigner le Dharma, le Bouddha leur dit :

> *« Mes amis, je suis libre de tout imbroglio humain et spirituel. Et comme vous êtes de même libres de tout imbroglio humain et spirituel, allez dans le monde pour le bien-être de tous, pour le bonheur de tous, avec compassion pour le monde, et pour le bienfait, la grâce et le bonheur des dieux et des humains... Révélez la vie spirituelle, complète et pure en esprit et en forme. »*

Le désir d'aider les autres peut s'exprimer sous des formes plus passives. Se consacrer à une vie de pratique en tant que moine ou nonne en est un exemple. L'acte de l'Eveil est en lui-même un grand don, un grand acte de service car un être Eveillé n'exercera plus jamais avidité, haine ou délire sur les autres gens. Au contraire, ils profiteront de la radiance, de l'exemple et de la sagesse de quelqu'un qui est libéré. Le don de l'Eveil peut être vu comme un retour aux sources, la générosité étant trouvée au début et à la fin de la voie.

Foi

A chaque étape de la voie, la foi - mot qui pose souvent problème aux Occidentaux - est un élément clé. Dans le bouddhisme theravada, la foi ne désigne pas une croyance aveugle en quelque chose. Ce mot décrit la confiance que l'on a en soi, dans les enseignements, dans les pratiques de la libération et dans la communauté d'enseignants et de pratiquants, disparus ou contemporains. C'est le genre de foi qui nous inspire à vérifier pour nous-mêmes les possibilités expérientielles de la vie spirituelle.

Lorsque ces possibilités sont réalisées, nous découvrons que nous avons de plus en plus confiance en notre capacité à faire preuve d'ouverture d'esprit et de sagesse. Cela engendre à son tour une reconnaissance de plus en plus profonde pour les gens et les enseignements qui rendent cette confiance intérieure possible. Dans la tradition theravadine, ceux-ci sont représentés par les Trois Joyaux : le Bouddha ; le Dharma, ou les enseignements ; et la Sangha, ou la communauté de pratiquants.

« Prendre Refuge » est un des rituels les plus courants pour les laïcs dans le bouddhisme theravada et il consiste à choisir consciemment le soutien et l'inspiration offerte par les Trois Joyaux.

Bien que « Prendre Refuge » soit automatiquement célébré dans les cérémonies, pendant les retraites, et lors de visites au temple, c'est un moment charnière quand, pour la première fois, on prend refuge avec l'intention délibérée d'orienter sa vie selon ses valeurs et aspirations les plus profondes. Associer notre pratique au Bouddha, au Dharma et à la Sangha nous aide à veiller à ce qu'elle ne se limite pas seulement à des préoccupations intellectuelles, à des problèmes de thérapie personnelle, ou même à des ambitions égoïstes. Prendre refuge nous aide à renforcer la confiance et le respect d'où émergent l'attention véritable et les réalisations qui en découlent.

Le bouddhisme theravadin dans la vie quotidienne

Le bouddhisme theravadin fait la distinction entre la voie conduisant à la libération et la voie qui mène à un bien-être temporel. Cette distinction correspond plus ou moins à celle qu'on fait en Occident entre des intérêts spirituels et séculaires. Les mots Pali qui décrivent ces deux voies sont littéralement la voie ultime (*lokuttara-magga*) et la voie banale ou temporelle (*lokiya-magga*). Il n'existe pas de séparation absolue entre elles, et chaque enseignant porte plus ou moins d'importance à cette distinction. Même quand une forte distinction est maintenue, les voies spirituelles et séculières sont vues comme se soutenant l'une l'autre.

La voie de la libération s'intéresse à l'altruisme et au *Nibbana*, qui en soi n'appartient ni aux conventions, ni au contenu et ni aux conditions de ce monde. La voie du bien-être temporel s'intéresse à comment travailler avec ces conventions et ces conditions afin de créer un environnement personnel, familial, social, économique et politique aussi sain que possible.

Traditionnellement, la méditation *Vipassana* appartient à la voie de la libération. De ce fait, beaucoup des Occidentaux qui se sont consacrés à cette pratique en Asie et aux Etats-Unis n'ont pas appris grand-chose à propos des enseignements et des pratiques Theravadins pour le bien-être temporel. Pour se rendre compte de la vitalité religieuse de cette tradition dans son ensemble, il est nécessaire d'étudier les deux voies. C'est particulièrement vrai pour les gens désireux d'intégrer la pratique Vipassana dans leur vie quotidienne.

Dans plusieurs *suttas* populaires dans l'Asie du sud-est, le Bouddha décrit comment bien vivre notre vie quotidienne. Le *Sutta Sigalaka* détaille les responsabilités que nous avons dans nos rôles sociaux et familiaux : parent, enfant, époux, enseignant, étudiant, amis, employeur, employé, moine et laïc. Un des enseignements, à la fois superbe et ambitieux, nous enjoint de gagner notre vie sans commettre aucun mal :

Les gens sages qui sont formés et disciplinés
Brillent comme des balises lumineuses.
Ils gagnent leur argent tout comme une abeille récolte du miel
Sans faire de mal à la fleur,
Et ils le laisse fructifier tout comme une fourmilière lentement gagne de la hauteur.

Cette fortune gagnée judicieusement
Ils l'utilisent pour le bénéfice de tous.

A travers les siècles, le bouddhisme theravada a eu beaucoup à dire à propos de la politique. Plusieurs rois de l'Asie du sud-est ont essayé de vivre selon les dix vertus et devoirs énumérés par la tradition pour les chefs politiques : la générosité, la conduite éthique, le sacrifice de soi, la douceur, la bonté, la non-colère, la non-violence, la patience, et vivre en conformité avec le *Dhamma*. Bien que ceux qui suivent exclusivement la voie de la libération se tiennent parfois à l'écart des affaires temporelles, le bouddhisme theravada, en tant que tradition religieuse complète, s'est beaucoup engagé sur des questions politiques et sociales comme l'éducation, la santé, les travaux publics et, plus récemment, la protection de l'environnement.

Afin que puisse se former une communauté saine, la tradition comprend des fêtes et des cérémonies. Des rites de passage marquent les transitions principales de la vie. Bien que les moines n'officient pas à toutes ces cérémonies, les communautés theravadines ont des rituels, des pratiques et des célébrations pour la naissance, la mort, et même, lorsqu'une personne atteint soixante ans, pour marquer son passage dans le monde des anciens.

Etudiants et enseignants

Le bouddhisme theravada enseigne que l'amitié est un soutien inestimable pour la vie spirituelle. Les amitiés spirituelles parmi les pratiquants et entre pratiquants et leurs enseignants sont particulièrement encouragées. De fait, un enseignant porte fréquemment le titre de *kalyana-mitta* ou d' « ami spirituel bienveillant. » Bien que les enseignants nous donnent des instructions, nous montrent nos illusions et nos attachements, nous ouvrent à d'autres perspectives, nous encouragent et nous inspirent, leur rôle reste toujours limité car chacun de nous doit suivre le chemin spirituel par lui-même. Un enseignant n'est certainement pas quelqu'un pour qui les étudiants abandonnent leur bon sens ou leur responsabilité personnelle. Il n'est pas attendu non plus des étudiants qu'ils se vouent exclusivement à un enseignant. Il est fréquent que les pratiquants étudient avec divers enseignants, tirant bénéfice des capacités spécifiques de chacun.

Monachisme

La communauté monacale des moines et des nonnes est une des pierres angulaires de la tradition theravadine. Durant une grande partie des deux derniers millénaires, ils ont été les gardiens des enseignements bouddhistes et les modèles d'une vie dédiée à la libération. Le monachisme est souvent considéré comme un style de vie idéal pour l'étude, la pratique, l'aide aux autres et la purification du cœur. Si la vie monacale ne vise pas à l'ascétisme, elle est vise à la simplicité, où les possessions et les entraves personnelles sont réduites au minimum. Elle donne ainsi un exemple important de simplicité, de non-possession, de non-violence, de vertu, d'humilité et montre comment se contenter de peu.

Les moines et les nonnes theravadins n'ayant pas le droit d'acheter, de cuire ou de conserver leur propre nourriture, ils dépendent de l'aumône quotidienne des laïcs. Ainsi, ils ne peuvent pas vivre en marge de la société, mais doivent vivre en relation continuelle avec ceux qui les soutiennent. Souvent ce soutien est réciproque : les laïcs soutiennent la communauté monacale qui à son tour offre enseignements, conseils et inspiration aux laïcs.

Retraites

Aujourd'hui, la pratique theravadine la plus populaire en Amérique est la pratique de l'attention. De jeunes Américains qui avaient étudié dans l'Asie du sud-est l'y ont introduite et elle est une des rares pratiques méditatives bouddhiste venant de l'Asie qui fut popularisée par des Américains plutôt que par des enseignants asiatiques. Des enseignants comme Joseph Goldstein, Jack Kornfield et Sharon Salzberg (fondateurs d'IMS) dépouillèrent cette pratique de son enveloppe bouddhiste theravada, tout en respectant sa profondeur, de façon à la simplifier et à la mettre à la portée de tous. Selon Jack Kornfield : « Nous voulions offrir les profondes pratiques de la méditation introspective, tout comme le firent plusieurs de nos enseignants, aussi simplement que possible, sans les complications des rituels, des robes de cérémonie, des psalmodies et de toute la tradition religieuse. »

Les retraites de méditation intensive sont une des pratiques *Vipassana* importantes. Elles durent d'un jour à trois mois. A part les instructions, les entretiens avec un enseignant et les sermons quotidiens, aussi appelés « discours sur le Dharma », elles se déroulent généralement en silence. Une journée typique commence aux alentours de 5h30 et se termine à 21h30. L'horaire quotidien simple, qui alterne la méditation assise avec la méditation en marchant et inclut aussi une période de tâches ménagères méditatives, encourage le développement de l'attention durant toute la journée.

Bien que les étudiants Vipassana américains soient en très grande majorité des laïcs, ces retraites leur permettent de pratiquer avec le soutien, la simplicité et la concentration qui, d'habitude, sont associés avec la vie monacale. D'une certaine manière, ces retraites offrent les avantages d'un monachisme temporaire. L'alternance entre des périodes de pratique conduite dans des retraites intensives et de pratique dans le monde extérieur est caractéristique du mouvement Vipassana américain.

Peut-être que la simplicité de nos retraites, dans sa façon laïque et occidentale, correspond à la vie des moines de la forêt theravadins qui, historiquement, furent souvent ceux qui se consacrèrent à la méditation. Cette simplicité non seulement soutient le développement d'une attention profonde, elle permet aussi de découvrir la simplicité de la liberté elle-même.

L'« Insight Meditation Center » de Redwood City

Mission

L'"Insight Meditation Center" (IMC) de Redwood City, en Californie, se consacre à l'étude et à la pratique des idéaux bouddhistes : la pratique de l'attention, l'éthique, la compassion, la bonté bienveillante et l'éveil. Au cœur de toutes les activités du centre se trouve la pratique de la méditation introspective (« Insight meditation »), parfois appelée pratique de l'attention, ou méditation *Vipassana*. Fondée sur un enseignement bouddhiste vieux de plus de 2500 ans, cette pratique nous aide à examiner notre vie plus profondément et avec plus de clarté. Avec les réalisations qui viennent de la pratique, nous développons une manière de vivre plus paisible, plus empathique et plus sage.

Un entraînement quotidien forme la base d'une pratique de la méditation introspective : pratiquer formellement la méditation chaque jour, rester attentif et pratiquer la compassion dans le cours de notre vie quotidienne. La tradition bouddhiste met aussi l'accent sur le bénéfice qui peut être tiré d'une retraite de méditation intensive, d'un jour ou plus. La mission d'IMC est de rester fermement ancrée dans la pratique de la méditation et des retraites. De là, nous cherchons à soutenir les pratiquants dans l'intégration et l'application de leur vie spirituelle dans tous domaines de la vie.

Vision

L'objectif de l'IMC est d'être un centre de méditation communautaire où les pratiques et les enseignements de la méditation introspective sont offerts aux gens qui ont un mode de vie urbain. L'IMC a quatre fonctions entrelacées :

- Offrir un environnement simple et tranquille dans lequel la vie contemplative peut être développée et protégée, au milieu des complexités de la vie citadine.
- Offrir des enseignements et des pratiques qui complètent la méditation introspective et soutiennent une vie spirituelle équilibrée d'un point de vue bouddhiste.

- Etre un endroit où les gens peuvent se rencontrer pour cultiver et manifester leur pratique à travers leur vie familiale, sociale et communautaire.
- Inviter des enseignants bouddhistes d'origines diverses, de façon à faire découvrir à la communauté de l'IMC et au public intéressé des pratiques et des points de vue bouddhistes différents.

Pour implanter cette vision, l'IMC a acheté un immeuble et s'est engagé à développer ses programmes de façon à inclure régulièrement des périodes de méditation, des cours, des discussions de groupe, des exposés sur le Dharma (des exposés sur les enseignements bouddhistes et la pratique), et des entrevues avec les enseignants. Des retraites de méditation et d'étude d'une durée de un à deux jours sont périodiquement offertes, comme le sont de courtes retraites résidentielles dans des centres proches.

Histoire

En 1986, l'IMC était un groupe de méditation organisé par Howard et Ingrid Nudelman. Tout d'abord, le groupe se rencontrait à l'Institut de Psychologie Transpersonnelle à Menlo Park. Dès le début, le group s'affilia avec le centre de méditation de Spirit Rock et durant les deux premières années Howard Cohen, un enseignant de Spirit Rock, vint de San Francisco pour animer les rencontres.

En 1988, le groupe s'établit dans la First Presbyterian Church, sur Cowper Street à Palo Alto et la plupart des réunions du soir consistaient à méditer tous ensemble et à écouter des enregistrements d'exposés sur le Dharma. En août 1990, Howard Nudelman invita Gil Fronsdal à devenir l'enseignant titulaire pour les rencontres du lundi soir. Gil, qui était en ce temps en formation avec Jack Kornfield, commença à enseigner en septembre. A cette époque, 12 à 15 personnes venaient aux réunions. Le groupe commença à organiser des retraites d'un jour début 1991.

En 1993, le groupe comprenait environ 40 participants et un lieu de réunion plus grand devint nécessaire. En septembre 1993, le groupe du lundi déménagea à la Friends Meeting House, sur Colorado Street à Palo Alto. Le nombre de participants s'éleva immédiatement à 60 et continua à croître progressivement pour aboutir au chiffre actuel de 100 personnes venant régulièrement. A partir du printemps 1994, des repas canadiens mensuels commencèrent à être organisés le troisième lundi du mois.

En 1995, en réponse au grand nombre de participants qui venaient à la réunion du lundi soir, l'IMC commença à organiser des réunions le jeudi soir, principalement pour les débutants. Et une fois encore, en 1999, afin de réduire la pression sur les rencontres du lundi et de répondre à de nombreuses requêtes, l'IMC lança un programme de méditation et d'exposés sur le Dharma le dimanche matin, à Portola Valley.

En janvier 1994, l'IMC publia son premier « bulletin », un calendrier d'une page. En octobre 1994, après deux de ces parutions, Bob et Bernice LaMar commencèrent à publier notre bulletin actuel.

L'IMC organisa sa première retraite résidentielle pendant le week-end de Memorial Day en 1994. Elle eut lieu au Jiko-ji Zen Center, sur Skyline Boulevard, dans les montagnes de Los Gatos. Depuis, ces retraites du week-end ont continué annuellement ou semi-annuellement. En 1999, Gil commença aussi à offrir une retraite annuelle de 12 à 14 jours à Jiko-ji. Et en 2000, l'IMC commença à inviter d'autres enseignants pour animer les retraites du week-end.

Le programme pour les enfants débuta en janvier 1996. Au début, ce cours avait lieu chaque 3e lundi du mois et comprenait une demi-heure de jeux et d'histoires à propos du Dharma. En automne 2001, le programme fut élargi et déplacé au dernier dimanche du mois. Avec le temps, de nombreux programmes et manifestations furent introduits, comme des cours de yoga, des classes de bonté bienveillante et sur les *brahmaviharas*, des cours d'étude des suttas et sur la préparation de la cérémonie de la prise de refuge. Lentement, ces dernières années, des événements destinés à favoriser le développement de la communauté virent le jour : des repas canadiens, des marches, des soirées cinéma, des groupes de discussion, etc. En 2000, des membres de l'IMC formèrent un groupe appelé les « Amis du Dharma » et organisèrent des activités très variées, soit socioculturelles soit liées à la pratique, qui aident à renforcer le sens communautaire et l'amitié au sein de l'IMC.

Une assemblée fut tenue en automne 1995 pour considérer le futur de l'IMC. La discussion, qui intéressa beaucoup de gens, tourna autour de la possibilité de posséder notre propre immeuble. Pour préparer le terrain en vue de cette acquisition, il fut décidé de créer une société religieuse à but non lucratif. La société de type 501(c)3 devint effective en 1997.

En septembre 1997 et 1998 l'IMC envoya ses premières lettres pour collecter les fonds nécessaires à l'achat d'un immeuble. En 1999 le groupe essaya d'acheter à l'organisation religieuse A.M.E Zion l'église délabrée et inutilisée située sur Ramona Street à Palo Alto. Cette église fut finalement vendue à des promoteurs. Cependant, cette tentative d'achat servit de catalyseur pour l'IMC. Les collectes de fonds augmentèrent de façon spectaculaire et le conseil d'administration créa plusieurs comités et une structure organisationnelle qui rendirent possible aussi bien l'achat que la gestion d'un centre de méditation.

Au printemps 2000, deux pasteurs chrétiens firent savoir à l'IMC qu'ils avaient une petite église à Redwood City et qu'ils étaient intéressés à la vendre au groupe. En janvier 2001, l'IMC pris contact avec ces pasteurs et une amitié chaleureuse s'ensuivit. Le 28 novembre 2001, l'IMC acheta l'église qui se trouve à 1205 Hopkins. L'enthousiasme et le travail acharné d'un grand nombre de volontaires permirent de transformer rapidement l'église en un centre de méditation. Les séances de méditation et les exposés commencèrent dans ce nouveau lieu le 6 janvier 2002.

La propriété de son propre immeuble donna à l'IMC la possibilité d'augmenter le nombre des activités proposées. Le calendrier comprend plus de séances de méditation, de retraites d'une demi-journée ou d'une journée et de programmes d'étude. Des événements spéciaux ont lieu lors de nombreux week-ends. Un programme pour les adolescents a été ajouté et de nombreux enseignants, dont quelques moines, sont invités à venir enseigner.

Metta Sutta
Traduction par Jeanne Schut publié par le Devon Vihara, G.B.

Voici comment devrait se comporter celui qui a développé des qualités de bonté et qui connaît la voie de la paix :

Qu'il soit appliqué et droit, direct et doux dans ses paroles.
Humble et sans prétention, satisfait et aisément contenté.
Qu'il ne se laisse pas submerger par les obligations et demeure frugal.
Paisible et calme, sage et habile
Sans orgueil par nature, il n'a pas d'exigences.
Qu'il ne fasse pas la moindre chose
Que les sages pourraient, plus tard, condamner.

Il fait le souhait : « Prenant refuge dans la bonté,
Que tous les êtres soient en paix.
Que tous les êtres vivants, quels qu'ils soient —
Les faibles comme les forts, tous sans exception,
Les grands et les puissants, les moyens et les petits,
Visibles et invisibles, proches et lointains, nés et à naître —
Que tous les êtres soient en paix !
Que nul ne trompe autrui, ni ne méprise aucun être, quel qu'il soit.
Que nul, par colère ou aversion, ne souhaite de mal à autrui. »

Tout comme une mère, au péril de sa vie,
Protège son enfant, son enfant unique,
Ainsi doit-on, avec un cœur ouvert à l'infini
Chérir tous les êtres vivants,
Rayonner la bienveillance envers le monde entier :
L'étendre vers le haut jusqu'aux cieux
Et vers le bas jusqu'aux profondeurs ;
Vers l'extérieur, sans limites,
Libre de toute haine et de toute aversion.
Que l'on soit assis, debout, en marche ou couché,
L'esprit éveillé, on doit toujours être fidèle à ce souhait.
C'est ce que l'on appelle « demeurer dans le Sublime ».

En ne s'attachant pas à des idées figées,
Celui qui a le cœur pur, voyant les choses clairement,
Etant libéré de tous les désirs sensoriels,
Ne reprendra plus naissance dans ce monde.

Donations (Dana)

Ce livre est distribué gratuitement aux Etats-Unis à ceux qui le demandent. Vous pouvez aussi le télécharger à l'adresse www.insightmeditationcenter.org.

L'Insight Meditation Center s'engage à continuer la tradition bouddhiste d'offrir tous les enseignements gratuitement. En contrepartie, il est possible de faire des donations. La générosité de la communauté soutient financièrement nos enseignants et paie toutes les dépenses du centre.

Si vous voulez soutenir le centre, vous pouvez envoyer votre contribution à :

>Insight Meditation Center
>108 Birch Street
>Redwood City, CA 94062

Vous pouvez aussi faire une donation par carte de crédit ou PayPal sur le site www.insightmeditationcenter.org.

« Le don du dhamma surpasse tous les autres dons. »
Dhammapada

Des enregistrements d'exposés sur le dharma donnés en anglais par Gil Fronsdal et par des enseignants invités peuvent être trouvés à l'adresse suivante :

>www.audiodharma.org

www.ingramcontent.com/pod-product-compliance
Lightning Source LLC
Chambersburg PA
CBHW070457100426
42743CB00010B/1654